GABRIELLE BOSSIS

Ele e eu

textos escolhidos

Seleção
Paulo Monteiro Ramalho

Tradução
Cristian Roberto M. de S. Clemente

4ª edição

São Paulo
2025

Extraído de
Lui e moi. Entretiens spirituels

Capa
Gabriela Haeitmann

Dados Internacionais de Catalogação na Publicação (CIP)

Bossis, Gabrielle, 1874-1950

Ele e eu: textos escolhidos / Gabrielle Bossis; seleção de Paulo Monteiro Ramalho; tradução de Cristian Roberto M. de S. Clemente — 4ª ed. — São Paulo: Quadrante, 2025.

ISBN: 978-85-7465-596-3

1. Espiritualidade 2. Jesus Cristo – Meditação 3. Vida cristã - Meditação I. Ramalho, Paulo Monteiro I. Título

CDD-248.4

Índice para catálogo sistemático:
Espiritualidade : Cristianismo 248.4

Todos os direitos reservados a
QUADRANTE EDITORA
Rua Bernardo da Veiga, 47 - Tel.: 3873-2270
CEP 01252-020 - São Paulo - SP
www.quadrante.com.br / atendimento@quadrante.com.br

SUMÁRIO

NOTA DO EDITOR 5

PREFÁCIO DE DANIEL-ROPS
   ao segundo volume da edição original..... 11

RECOLHIMENTO 21

NO DIA A DIA 49

NO TRABALHO 61

NAS CONTRARIEDADES 71

EM DESLOCAMENTOS............................... 89

DURANTE AS PRÁTICAS DE PIEDADE..... 99

NO RELACIONAMENTO COM OS
  OUTROS 129

INTIMIDADE COM NOSSA SENHORA 143

A META: SANTIDADE 149

NOTA DO EDITOR

Sem desejarmos adiantar aqui o que Daniel-Rops diz no prefácio à segunda edição de Lui et moi, que reproduzimos a seguir, parece no entanto conveniente apresentar ao leitor alguns dados que o complementem.

Gabrielle Bossis, a autora — ou «coautora» — dos diálogos com Cristo publicados com o título «Ele e eu», dos quais se faz uma antologia nestas páginas, nasceu em Nantes a 26 de fevereiro de 1874. O pai chamava-se Auguste Bossis; a mãe, Clémence Barthélemy, e os irmãos Auguste, Clémence e Marie.

A menina cresceu num ambiente culto e refinado. O pai faleceu em 1898, a mãe em 1908 e, quatro anos depois, também a irmã Clémence. Gabrielle, que não se tinha casado, *passou a morar sozinha e dedicou-se a dar aulas de catecismo e a ajudar na sua paróquia. Foi também enfermeira da Cruz Vermelha durante a Primeira Guerra Mundial.*

A família Bossis possuía, na cidade de Le Fresne-sur-Loire, próxima de Nantes, uma casa de veraneio onde Gabrielle passava parte do tempo. Em 1923, a pedido do pároco desse povoado, escreveu e representou uma opereta moral chamada Le Charme. *O espetáculo foi um enorme sucesso. Nos anos seguintes, a autora escreveu mais catorze sainetes (peças curtas com dois ou três personagens) e treze comédias de três atos, várias delas premiadas. Daí por diante, passou a fazer turnês pela França e pelo exterior, acompanhando as apresentações das suas obras e muitas vezes subindo ela mesma ao palco. Não a movia nenhuma ambição literária, mas apenas o desejo de despertar as consciências e fazer apostolado, e ela própria arcava com todas as despesas.*

Até o fim da vida, e mesmo durante as suas viagens, viveu um intenso plano de práticas de piedade, que incluía a Missa quotidiana, as visitas frequentes ao Santíssimo Sacramento, o Santo Rosário diário, a Hora Santa todas as quintas, e diversas mortificações corporais e interiores.

Em 1936 começou a ter locuções interiores que durariam até a sua morte, e anotou-as em dez cadernos manuscritos, que viriam a constituir os sete fascículos da sua obra principal, Lui et moi**. Em 1944, ainda durante a ocupação alemã, concordou em publicar alguns trechos desse diário, com a condição que pudesse permanecer no anonimato. O primeiro volume saiu em julho de 1949, com prefácios do bispo de Nantes e do decano da Faculdade de Teologia do Institut Catholique de Paris, que, sem se pronunciarem sobre a origem divina dessas locuções, garantiam a perfeita ortodoxia e utilidade desses textos.*

(*) *Lui et moi. Entretiens spirituels*, 7 vols., Beauchesne et Fils, Paris, 1949-1953.

Em agosto desse ano, a autora submeteu--se a uma operação cirúrgica para a retirada de um tumor no seio. No entanto, o câncer já se havia espalhado, e em começos do ano seguinte atingiu os pulmões. Gabrielle Bossis faleceu aos setenta e seis anos, na noite do Corpus Christi, entre os dias 8 e 9 de junho de 1950. Foi sepultada em Fresne. Para o seu túmulo, tinha escolhido uns anos antes a seguinte inscrição: «Oh, Cristo, meu irmão / trabalhar junto de Ti / sofrer contigo / morrer contigo / sobreviver em Ti».

* * *

Diz um conhecido autor de espiritualidade que toda a vida cristã consiste em «converter o monólogo interior em diálogo com Deus»*. E esse é também, originariamente, o conselho

---

(*) Cf. Reginald Garrigou-Lagrange, *Las tres edades de la vida interior*, 9ª ed., Palabra, Madri, 1999, t. I, págs. 45-53.

de Cristo: É necessário orar sempre e não cessar de fazê-lo *(Lc 18, 1).*

A vida de Gabrielle Bossis, sobretudo nos últimos anos, consistiu nessa oração contínua. As frases selecionadas que se reproduzem nestas páginas exortam a viver esse diálogo, descrevem como fazê-lo, e representam um alimento substancioso que nos pode ajudar também a nós a empreendê-lo.

Não são apenas considerações teóricas, mas fragmentos de diálogo de uma simplicidade maravilhosa. Há aí conselhos práticos, imagens concretas que ajudam a envolver todo o nosso ser na oração: inteligência e imaginação, coração e vontade. Todas as circunstâncias da vida se tornam ocasião e momento adequado para essa conversa.

Este é um livro pensado, não tanto para alimentar a oração mental, mas sobretudo para introduzir-nos no recolhimento habitual, no diálogo permanente com Deus. Por isso, está organizado não de maneira temática nem cronológica, mas por situações práticas, cotidianas. Manteve-se a numeração original ao final de cada ponto. Inevitavelmente, os temas entrecruzam-se e repetem-se com certa frequência, o que é compensado pela viveza das expressões e ideias, nascidas realmente de uma conversa viva, variada e afetuosa com Deus.

PREFÁCIO DE DANIEL-ROPS
ao segundo volume
da edição original

É uma história bela e impressionante — também ela a «história de uma alma» — a que nos contam os dois pequenos livros intitulados *Ele e eu*. O primeiro volume, publicado há dois anos, angariou um círculo de leitores fervorosos; o segundo, de publicação próxima, não é menos rico nem menos comovente. Agora que a morte dispensa a escritora anônima (não dizemos «autora», e já veremos por quê) do voto de discrição que fez tão naturalmente, temos o direito de dizer quem foi que pôs sobre o papel esses fragmentos fulgurantes de amor sublime, esses pensamentos frequentemente carregados da mais sobrenatural verdade.

Chamava-se Gabrielle Bossis. Passou os últimos anos da sua existência como uma dama de província, bastante velha quanto à idade (tinha nascido em 1874), mas que, segundo o testemunho unânime, soubera guardar uma extraordinária juventude de coração e de comportamento. Em princípio, morava em Nantes ou em algum povoado próximo às margens do rio Loire; digo «em princípio», porque a sua vida foi particularmente errante devido ao mais inesperado dos motivos.

Criada no meio da alta burguesia (seu pai, como acontecia nos bons tempos, nunca teve outra profissão que a de «capitalista»), Gabrielle, a caçula de quatro irmãos, foi por muito tempo uma menina tímida, apagada, silenciosa, mais fácil de ser encontrada pensativa pelos cantos do que brincando com as outras crianças. Teria já começado, como que às apalpadelas, a experiência que veio a coroar a sua vida? Em todo o caso, era necessário que tivesse alguma razão para recusar, como fez, todas as ofertas de casamento, e nada nos impede de supor que essa razão fosse de ordem infinitamente interior. Também se diz que tinha muito jeito para as artes decorativas às quais as nossas avós se dedicavam: o bordado, a pintura, a iluminura, a música e mesmo a escultura, que era mais difícil. Nada disso a diferenciava de muitas moças de «bem» das famílias provincianas, nos ambientes tradicionais de começos do nosso século.

O acaso faria com que descobrisse em si um novo talento, a dramaturgia. Escreveu para algum patronato do Anjou uma daquelas peças de bom tom e moral perfeita, das quais está de moda sorrir, mas que não são assim tão fáceis de compor. Essa primeira tentativa foi coroada de sucesso, e a autora passou a escrever outras peças, muitas outras, todas obtendo a calorosa aprovação de um público crescente. A sua notoriedade foi tanta que ultrapassou os limites da sua província natal e ela teve de sair de Nantes e arredores para interpretar pessoalmente as suas obras em muitas cidades da França e, mais tarde, em diversos países estrangeiros: Bélgica, Itália, o próprio Marrocos, e até o Canadá e a Palestina! O gênio amável dos palcos fizera dessa provinciana uma grande viajante.

Foi no meio dessas circunstâncias que continuou a ter a sua experiência interior. Pensamos nas famosas palavras de Bergson: «Os grandes místicos geralmente foram homens e mulheres de ação, de um senso comum superior». A frase aplica-se perfeitamente a Gabrielle Bossis que, ao mesmo tempo que interpretava os seus esquetes do Cairo às Montanhas Rochosas, vivia uma vida espiritual extraordinariamente intensa. Como os verdadeiros místicos, teria podido repetir a famosa frase de São Paulo: *Não sou eu que vivo, é Cristo que vive em mim* (Gl 2, 20).

Deverei confessá-lo? Essa existência dividida com tanta precisão entre uma face que se apresenta ao próximo, sorridente, dedicada ao nosso entretenimento, e outra consagrada à contemplação, toca-me profundamente. É verdade que admiramos com justiça o místico que se encerra na sua cela e tem sob a cogula monacal a mais árdua de todas as experiências. Mas, enfim, os religiosos e as religiosas, para encontrar a Deus, escolheram afastar do seu caminho todos os obstáculos — infelizmente tão numerosos! — que o mundo lança no nosso. Por isso, um homem ou mulher que, sem deixar de ser semelhante a nós no plano humano e de viver em circunstâncias parecidas com as que conhecemos, se eleva em direção ao cume inacessível onde Deus se revela aos seus eleitos, esse dá-nos ainda mais motivo para nos enchermos de admiração.

Gabrielle Bossis foi sem dúvida uma verdadeira mística, e esses dois pequenos volumes de *Ele e eu* são a prestação de contas, quase a taquigrafia, daquilo que recebeu de Cristo ao longo de um colóquio sublime com Ele. Esse tipo de diários íntimos não é raro e a nossa época viu surgir um bom número deles, muitos dos quais realmente extraordinários, como os de Lucie Christine, da Irmã Josefa Menéndez, de Elisabeth Leseur, comovente na sua simplicidade, ou as páginas reunidas sob o título de *Cum clamore valido*; a famosa autobiografia de Santa Teresinha de Lisieux coroa esse conjunto como um diadema. Nenhuma dessas obras deixa o cristão indiferente. O diálogo de uma alma com Deus é simultaneamente único e exemplar: para aqueles que o experimentam, é exclusivo e dirige-se apenas ao mais íntimo do seu ser, mas cada um daqueles que o leem pode ouvir-lhe o eco no seu próprio coração.

Os textos de Gabrielle Bossis apresentam-se como palavras do próprio

Jesus que a mística ouviu e prontamente pôs no papel. Até que ponto podemos admitir que isso é verdade e que o próprio Cristo se dignou falar a essa mulher do nosso tempo? A própria beneficiária chegou a ter dúvidas a esse respeito e a perguntar-se muitas vezes se não seriam a sua imaginação ou o seu orgulho que a enganavam. E a voz interior respondia-lhe com uma sabedoria admirável: «Duvidas de que seja Eu? Age como se fosse verdade». Ou ainda: «Mas mesmo que essas palavras saíssem da tua humanidade natural, por acaso não fui Eu quem criou essa humanidade? Não é a mim que deves referir todas as coisas?» O que era, na verdade, a melhor das respostas.

E é isto o que fascina o leitor desses textos, ou quem quer que medite nessa experiência. Ninguém relatou que

Gabrielle Bossis tenha tido visões, êxtases, manifestações grandiosas, nem que tenha sido vidente ou estigmatizada. Aparentemente, nada a distinguia de uma mulher como outra qualquer, uma velha senhorinha amável que amava a juventude, dançava e interpretava sobre os palcos e sabia sorrir a todos. No entanto, ao mesmo tempo as palavras que ouvia no íntimo vibravam com o som da mais alta verdade sobrenatural: constituíam um autêntico eco de Cristo.

A impressão que temos ao ler *Ele e eu* é, como diziam os primeiros cristãos, a de respirar *o bom odor de Cristo* (2 Cor 2, 15). Nada forçado nem excessivo, nada que viole a natureza humana ou a constranja para além dos seus limites. Há, sim, um chamado repetido e ardente à disciplina interior, à ascese, à luta contra si mesmo, mas que permanece profundamente humano. O segundo volume, sobretudo, no qual a mística supera os primeiros obstáculos e se aproxima de Deus, possui um tom de plenitude simples e alegre, de serenidade no amor que, em muitos trechos, o assemelha às maiores obras-primas da literatura espiritual. Não é tarefa de um simples leitor determinar se Cristo realmente falou com essa alma, mas uma coisa é certa: essa alma viveu nEle e refletiu-nos um pouco da sua luz.

Daniel-Rops
Outubro de 1950

RECOLHIMENTO

A simplicidade e espontaneidade que caracterizam os pontos que leremos a seguir não nos devem enganar: o recolhimento contínuo, embora seja em primeiro lugar obra da graça, exige da nossa parte um esforço de correspondência. São necessários, ordinariamente, anos de luta por adquirir o hábito da presença de Deus.

Na prática, trata-se de mortificar um pouco os nossos gostos em cada uma das coisas que fazemos ou experimentamos, para que a nossa mente não se absorva nelas por inteiro, mas faça delas tema do diálogo; de lançar mão de pequenos expedientes, pequenos «truques», que nos ajudem a recordar com frequência que estamos diante de Deus, que Ele nos olha e quer falar conosco (o papa João Paulo II, por exemplo, traçava uma pequena cruz no alto de cada página que ia começar a ler); e de ter uma série de práticas de piedade bem distribuídas ao longo do dia, que garantam momentos reservados exclusivamente ao diálogo, permitindo-lhe depois «transbordar» para o restante do dia. Tudo isto aparecerá de uma forma ou de outra nos capítulos que se seguem.

As principais dificuldades para ter Deus sempre presente são a ausência de qualquer apoio para os nossos sentidos e a nossa tendência habitual à dispersão da mente. Para ambas há respostas fulgurantes nestas páginas.

Viver na intimidade com Deus

27 de junho de 1937. «Que a tua vida seja um contínuo recolhimento, uma ininterrupta conversa com o teu Senhor» (181).

25 de agosto de 1937. «Faz-me companhia. Sou Íntimo de todos vós. Quando leres, não estejas na companhia do autor do livro, mas na minha. Sou um Deus ciumento: *Põe-me como um selo sobre o teu coração* (Ct 8, 6). E não temas olhar para as minhas feridas: são tuas, entra nelas como na tua casa. Tira de mim coisas novas e velhas e não me abandones nunca... Não me abandones nunca...» (246).

25 de maio de 1939. «Vive na intimidade comigo». Eu: «Acontece, Senhor, que não te vejo». Ele: «Vês e ouves no cinema pessoas que não estão lá. Mas Eu estou sempre contigo, mesmo que não me vejas» (683).

9 de março de 1938. Varades. «Se viveres para ti, não terás senão uma

satisfação da terra; mas se viveres para mim, terás o céu infinito» (400).

1939. «Não percas o teu tempo com pensamentos sobre ti. Não estou Eu aqui para preocupar-me das tuas coisas? Que em todos os teus instantes haja um afeto, como cânticos em que Eu beba o teu amor e o amor pelos pecadores; lucrarás graças para eles e para as almas do Purgatório. O que te resta de todos esses pensamentos da terra que acariciaste? Quanto não terias ganho se todos eles tivessem sido convertidos em impulsos para mim! Reflete» (803).

1º de março de 1937. Na estação ferroviária, às margens do Ródano. «Olhas fixamente na direção de onde o trem virá. Da mesma maneira, Eu tenho os meus olhos fixos em ti, esperando que venhas a mim» (54).

24 de novembro de 1937. «Ama a tua cela: o teu quarto, se estás em casa; o teu próprio coração, se estás no meio da multidão. Aí estou Eu» (336).

1937. Partindo para Île-et-Vilaine. «Age como se Eu estivesse de pé à tua esquerda, viajando contigo. Fui Eu quem fez o coração de um pai, o coração de uma mãe... Pois então!» (292).

1937. No trem da Bretanha. «Que pensarias tu de alguém que, tendo recebido joias cuja simples visão já causaria alegria e consolação, as mantivesse guardadas em um lugar oculto por frouxidão ou negligência?» Dizia-me isso porque, em vez de falar-lhe amavelmente, eu me mantinha silenciosa e retraída no meu compartimento (293).

10 de março de 1938, no campo. Eu estava com o pensamento metido na

Sagrada Família, com São José, a Mãe Santíssima e o Filho Único. Disse-me Ele com imensa ternura: «Sê tu a irmãzinha» (402).

1939. «É preciso ter confiança nos santos, nos anjos. Quando ainda somos crianças, passamos de uns braços para outros. Deixamo-nos amar, e isso é inteiramente natural» (689).

1º de abril de 1938. Sexta-feira, em Montmartre. «Sê minha pequena amiga, alegre e jubilosa. Fala-me com sorrisos. Há tantos que pensam que sou um verdugo, um Juiz inexorável! Quero ser o vosso doce e cordial Amigo. Que não farei Eu por aqueles que quiserem dar-me o seu abandono, um abandono como o das crianças!» (414).

20 de janeiro de 1939. Soissons. «Difunde a alegria por onde quer que

passes». Na minha solidão, pensava comigo mesma: «Ah, se Ele estivesse comigo neste vagão». Ele: «Tu não me vês, mas estou aqui. Sempre estou contigo» (612).

15 de junho de 1937. «Sê daquelas que têm o pé sobre a terra, mas o coração em conversa comigo» (161).

23 de fevereiro de 1938. Em uma avenida de Nantes, às cinco e meia da manhã, dizia eu: «Jesus, estamos sós». Corrigiu-me: «Diz "meu" Jesus. Não te agrada que Eu te chame "minha" Gabrielle?» (393).

29 de junho de 1938. Eu pensava: «Que estou fazendo sobre a terra?» Ele: «E quem me chamaria pelo nome de "meu Jesus querido" se tu não estivesses aqui?» (482).

20 de fevereiro de 1940. Eu chamava-lhe «Dulcíssimo Senhor». Ele: «Sim, mas dirige-te a cada uma das minhas qualidades e entrega-te a todas elas, uma depois da outra. Porque a minha doçura iguala a minha força, e as virtudes da minha alma, quando invocadas, impregnam as almas» (840).

1936. «Comigo, sê simples, como em família» (23).

22 de junho de 1939, no campo. «Sê simples comigo. O que é que se faz de manhã ou no fim do dia, no seio de uma família? As pessoas beijam-se afetuosamente umas às outras, e tudo isso é natural. Às vezes, durante o dia, por ocasião de uma palavra ou um presente, trocam olhares. Olhares afetuosos. Há ímpetos de carinho. Como tudo isso é doce e reconfortante! Se me

permitissem ser como um membro da família!...» (709).

29 de março de 1940. No campo. Na sala grande, dizia-lhe eu: «Parece-me que falo contigo com demasiada familiaridade». Respondeu-me: «Estamos em família! Nada pode agradar-me mais. Todo aquele que compreende bem qual é o meu desejo, abre-me o seu coração a todo o momento. Tenho tanto amor pelas almas que o seu mais leve chamado encontra eco no meu Coração. Aproximai a boca do meu ouvido: Eu vos escuto» (863).

17 de setembro de 1937. No trem, em direção a Paris. Ele: «Vive de tudo o que te disse. Terás dado um passo à frente quando viveres comigo simplesmente, como teu único Amigo, invisível mas sempre presente» (280).

6 de julho de 1937. Estação de Vannes. Ele fazia-me compreender que devemos viver em família com todos os santos do céu, com os anjos, nossos irmãos mais velhos. Disse-me: «Não se deve sair do Amor» (207).

O hábito da presença de Deus

11 de fevereiro de 1938. Dieppe. «Adquire o hábito de não pensar em ti, mas em mim. Quando chegares a tê-lo, já não me abandonarás. Se não tiveres nada a dizer-me, diz-me que não tens nada a dizer-me e apoia-te no meu Coração».

Eu punha o meu coração sobre o seu. Disse-me: «Um pai carinhoso presta-se a todos os caprichos do seu filho pequeno. Diz-me como uma garotinha a seu pai: "Vem para junto de mim"» (390).

6 de outubro de 1938. Eu ia retomar a minha vida ordinária e dizia-lhe: «Que mais posso fazer por ti?» Disse-me: «Dar-me mais de ti mesma: mais Fé, mais Esperança, mais Amor» (548).

13 de janeiro de 1939. «Aumenta, aumenta a intensidade dos teus sentimentos de Fé, de Esperança e de Caridade! Pensas que, se me pedisses com frequência que te faça santa, Eu poderia deixar de atender-te? Exercita-te na esperança e na reparação, pois não há arte que se possa adquirir sem exercício» (610).

17 de julho de 1940. Eu: «Senhor, faz com que me seja natural pensar no sobrenatural».

Ele: «Sempre terás que fazer um esforço, e é nisso que está o mérito. Sobretudo se o esforço é alegre e o fazes unicamente por mim» (940).

Abril de 1939. «Recolhimento. Quando se inclina um vaso bem cheio para a esquerda ou para a direita, o conteúdo derrama-se; mas se o vaso é mantido reto, na direção do céu, permanece cheio» (650).

1937. «A tua alma tem uma porta que abre para a contemplação de Deus. Mas é indispensável que a abras» (50).

3 de dezembro de 1939. «Vês essa grande porta feita de ferro e de madeira grossa? Como é pesada! É uma porta feita com o medo e a desconfiança da alma. Como poderia Eu entrar através de uma porta assim? Oh, todos vós, meus íntimos! Tende uma grande confiança na minha riqueza de Amor. Então, lançar-me-ei em vós com aquilo que é o vosso desejo; porque então sereis irresistíveis para mim» (799).

1936. «Põe-me sempre antes de ti. Primeiro Eu, depois tu» (39).

1939. «Não te distraias de mim. Permanece sempre na minha presença, em mim, porque Eu sou tudo diante de ti e em ti. Ora deste modo, sem te cansares» (809).

1937. Na igreja de Nossa Senhora. «Não permitas aos teus olhos vagar sobre as pessoas que circulam. Faz isso por mim» (273).

Dificuldades

19 de dezembro de 1936. «Há momentos em que duvidas de que seja Eu quem te fala, tão simples e tuas próprias te parecem as minhas palavras. Mas por acaso não somos tu e Eu uma e a mesma coisa?» (21).

1940. Eu tinha uma dúvida. «Tu não tens maiores dificuldades em admitir que em cada corpo há uma alma, não é verdade? No entanto, não vês a tua alma. Por que então tens tanta dificuldade em crer que Eu estou na tua alma em graça, embora não me vejas? Eu estou aí, não me deixes só. Fala comigo» (828).

8 de fevereiro de 1938. Ao experimentar uma dúvida. «Se não cresses, não me dirias essas palavrinhas. Por dizê-las, podes ter a certeza de que me amas. Sou bom para com aqueles que confiam em mim, e ainda melhor para com aqueles que confiam mais. Mas aos que se abandonam inteiramente na confiança, a esses aceito-os integralmente» (388).

1938. Eu: «Meu amor, quando nos veremos? Tu me vês, mas eu não te vejo».

Ele: «Não, mas porta-te como se me visses» (486).

16 de abril de 1939. Na capela das Irmãs da Assunção, em Sfax. «Tu não me vês. Isso é bom para cresceres em fé» (648).

3 de maio de 1937. Entre Vierzon e Tours, eu procurava a Deus por meio da primavera. Estava uma primavera tão bela! Disse-lhe: «Senhor, por que te escondes? Tens medo de que te ame em demasia?» Respondeu-me: «Tenho que pôr à prova a tua fé» (111).

15 de setembro de 1939, estando eu em oração. «Se tivésseis fé! Aquilo que obtendes após longos anos de oração, poderíeis muito bem obtê-lo com um só pedido. Crede que Eu vos escuto sempre, disposto a dar-vos o que pedis. Isso, de uma maneira que não

conheceis, mas que atende à vossa oração» (767).

2 de abril de 1940. Visita ao Santíssimo Sacramento. Dizia-me: «Este é precisamente o amor que me agrada. Que mérito haveria em amar-me depois de me terdes visto? Esta é uma prova pela qual tendes de passar. Superai-a como vencedores» (868).

1938. «Não terias qualquer mérito em amar-me se me visses» (537).

26 de agosto de 1940. «Que o invisível te seja mais presente que o visível» (969).

1937. Em Seine-et-Oise. Eu lhe dizia: «Realmente não consigo entender como podes amar tanto umas criaturas tão miseráveis». Respondeu-me: «Como poderias tu entender o Coração de um Deus?» (283).

1937. Eu disse-lhe: «Como podes Tu dar-me tanto Amor, a mim que sou tão miserável?» Ele: «Por causa da minha Misericórdia» (155).

20 de maio de 1937. Montmartre. Pensando no recolhimento, disse-me Ele: «O esposo não se aproxima da esposa enquanto a vê olhar distraída pela janela. Espera até que se dirija à câmara dos segredos» (124).

6 de fevereiro de 1938. Eu recitava mecanicamente algumas orações no bonde, enquanto olhava as lojas e os pedestres. Disse-me Ele com doçura: «Se Eu fosse um simples homem, perguntar-te-ia se não estás troçando de mim» (383).

1937. Eu temia as distrações da vida cotidiana. «Uma garotinha não pensa a todo o momento que ama o seu pai, e no entanto o seu amor está sempre vivo no coração» (296).

15 de junho de 1939. Eu tinha parado de anotar as suas palavras para ver os barcos que passavam no Loire. Como que sorrindo, disse-me: «As criancinhas precisam de pequenas distrações» (705).

14 de abril de 1939. Ilha de Djerba. Censurava-me a mim mesma porque as distrações desta viagem pela Tunísia me tinham separado dEle. Disse-me: «Um pai sabe destas coisas. Um Pai as desculpa» (647).

20 de abril de 1937. «Que as tuas distrações não te entristeçam, mesmo que sejam prolongadas; retoma a tua amorosa contemplação no ponto em que a deixaste» (98).

11 de maio de 1940. Eu estava obsessionada por certa ideia. «Essa ideia

é como uma mosca impertinente que volta e torna a voltar cada vez que a espantamos. Mas, por fim, vai-se embora. Essas vossas pequenas provações espirituais são exercícios de piedade. Tem paciência e alegria» (893).

1937. No trem. «Não digas: "Glória ao Pai, ao Filho..." de modo tão vago. Deseja essa Glória nos teus atos concretos» (70).

Argel, 23 de abril de 1937. «Não te canses de Mim. Eu não me canso de ti» (102).

Vida de amor

25 de agosto de 1937. Disse-lhe: «Sou coisa tua, Senhor». Respondeu-me com viveza: «Coisa, não! És uma alma salva por mim. Salva!» (246).

8 de junho de 1937, no campo. «Não te detenhas nas ninharias da vida. Pensa apenas no amor, no amor que recebes de mim e naquele que me dás» (143).

26 de junho de 1937. «Por acaso pensas que, por Eu ser Deus, não tenho necessidade de carinho?» (177).

26 de janeiro de 1937. «Uma esposa que não olhasse com frequência o seu esposo nos olhos, seria realmente uma esposa?» (41).

1937. Admirava-me de que Ele me tivesse cumulado de tantos bens durante toda a minha vida, ao passo que a outras... Então disse-me com suma delicadeza: «Perdoas-me por ter-te amado tanto?» (176).

20 de novembro de 1937. Em Piana*. Agradecia-lhe os seus favores e a sua proteção durante as minhas viagens; disse-me: «Isso provém da superabundância do meu amor, que tem a necessidade de dar; quanto mais dou, mais quero dar. Não me esgoto nunca» (334).

1939. «Sabes o que pode ser o Amor de um Homem-Deus que chama, que pede o vosso amor, e que não recebe outra resposta além de um riso insultuoso?» (707).

5 de dezembro de 1938. «Não há crime, por maior que seja, que seja maior que o amor. O amor é maior que todos os vossos pecados» (577).

20 de junho de 1939. «O teu temor de ofender-me é para mim como uma

---

(*) Na Córsega (N. do T.).

flecha que me fere de amor. Filha: que as feridas de amor que me causam os meus fiéis curem as feridas que me causam a indiferença, o ódio e os desprezos» (708).

4 de maio de 1940. «Lembra-te: Eu serei para ti quem tu quiseres que Eu seja. Se me tratares como um estranho, serei para ti apenas um Juiz. Mas se tiveres confiança em mim, serei o teu Salvador. E se viveres no meu Amor, serei o teu Esposo amante, o Ser do teu ser» (889).

24 de junho de 1937. «Os esposos, ligados como estão para a vida inteira, acabam por experimentar uma certa monotonia no amor. Eu, em contrapartida, sinto uma alegria sempre renovada com os vossos atos e efusões de amor» (174).

24 de abril de 1939. «Conhece o meu Amor. Dá-me a alegria de crer nele. Custa-te crer que Deus possa alegrar-se na sua criatura, mas assim é. Deves inventar continuamente novas maneiras de amar-me: não te sentirias feliz sabendo que me fazes feliz?» (663).

Nantes. 12 de fevereiro de 1939. Via-Sacra, às cinco e trinta e cinco da manhã. Ele: «Durante a duração desta Via-Sacra, considerarás os meus olhos. Não verás neles senão uma extrema ternura no meio das crueldades e um extremoso Amor» (620).

25 de março de 1940. No trem de Nantes a Fresne. «Oh, minhas criaturas! Vós sois os meus excessos de Amor...» (862).

12 de dezembro de 1939. «Ama. Ama. Faz frequentes atos de amor. Pensa na

alegria de poderes amar-me e pensa também na desgraça dos condenados, que só podem odiar-me. Que coisa terrível é não poder amar a Deus!» (808).

1940. Na varanda. «Senhor, com que se faz o amor a Deus?» Ele: «Com a vontade» (915).

3 de outubro de 1937. «A medida do teu amor por mim deve ser amar-me sem medida. Pagar-te-ei com amor» (302).

12 de setembro de 1937. No ônibus, ia-lhe dizendo: «Meu Amado!» Ele respondeu-me: «Minha bem-amada!» E foi como uma ladainha ao longo do caminho (274).

7 de março de 1940. «É bem possível que eu te tenha criado apenas para me consolares, abrigando-me no teu coração, onde cantarias para mim o cântico

do amor. Por que não poderia Eu ter uma morada nesta terra? Será que continua a ser necessário que Eu não tenha sequer uma pedra onde reclinar a cabeça? Abre-me. Abre-me as tuas portas de par em par, pequena alma tão amada» (851).

22 de junho de 1937. Nantes, no cinema. «Onde quer que estejas, conserva-me no teu amor» (173).

4 de outubro de 1936. Em Montréal. Ele: «Quando te falta recolhimento, quem sofre a privação sou Eu» (disse-o com suma delicadeza na voz) (7).

1937. No trem. Dizia-lhe eu: «Senhor, faz arder no teu amor todos os que viajam neste trem». Ele respondeu-me com tristeza: «Mas se eles não querem!» (194).

18 de dezembro de 1938. Ele: «Pede-me que cada momento presente contenha o maior amor possível do teu coração pelo meu» (590).

1938. «Quando deixarás de ter distâncias comigo?» (579).

24 de abril de 1939. Em Le Fresne, de volta de Túnis. Ele: «Estamos novamente a sós: agradece-me com amor. Como vês, não sei falar de outra coisa que não o amor. Porque Deus é amor» (663).

10 de agosto de 1939. No trem rumo a Annonay. «Sê como uma palha num vento poderoso. O que é que faz a palha? Uma só coisa: abandona-se. Mas é um abandono total e em todos os sentidos à força do vento; não tem nenhum movimento próprio» (750).

9 de abril de 1937, em Túnis. «Eu serei o teu sorriso deste dia» (85).

29 de outubro de 1938. Eu beijava a fronte do Senhor. Disse-me: «Este beijo durará por toda a Eternidade» (558).

17 de dezembro de 1936. «Comecemos o céu desde já. Ama-me sem descanso, como Eu te amo» (18).

8 de maio de 1939, em Le Fresne. «Se me perguntares por novas maneiras de amar-me, dir-te-ei uma só palavra: União. União. União» (675).

30 de maio de 1939, em Lyon. Eu: «Será amor isso que tenho quando sinto o meu coração bater mais depressa ao pensar em ti?» Ele: «Isso é amor. Mas também há amor quando, pensando em mim, fazes um esforço de virtude sem ter o menor gosto. Nunca me dirás que Eu te esmaguei com o trabalho. Ou por acaso tomei de ti mais do que me podias dar? Eu sei medir» (692).

NO DIA A DIA

Tudo o que o cristão fará ao longo do seu dia deveria estar abrangido no seu oferecimento de obras matinal. Mas também os variados incidentes do cotidiano, que normalmente passariam despercebidos como ninharias sem transcendência — entrar em uma casa vazia, reparar num inseto que levanta voo, observar o pôr do sol, entrar num café —, podem ser transformados em matéria de diálogo amoroso entre Deus e nós. São Josemaria Escrivá falava de «distrações ao contrário»: ao invés de deixarmos que essas pequenezes da vida nos distraiam do Senhor, por que não usá-las para que nos façam lembrar dEle?

Ao longo do dia

22 de dezembro de 1937. Nantes. Eu: «Senhor, ofereço-te o dia de hoje». Ele: «Diz "nosso" dia, pois Eu trabalharei em ti mais que tu mesma» (351).

1938. «Diz-me bom-dia a cada amanhecer, logo que acordares. Como se estivesses entrando no céu» (362).

12 de março de 1940. «Às vezes, dizeis: "Ah, se fosse possível ter várias vidas!" Pensa a cada manhã que te foi concedida uma nova vida e procura vivê-la melhor que a de ontem. É assim que se conseguem progressos rápidos na perfeição. Tu talvez não os vejas, mas Eu sim» (855).

24 de julho de 1940. «[A realidade] é o que vós quereis que se realize. Trabalhas pela expiação dos teus pecados?

Com isso já os expias. Ofereces-me o teu dia para consolar-me e para a salvação do mundo? Pois, com isso consolas-me e converteis. Meus filhinhos, não percais um tempo precioso vivendo sem finalidade!» (944).

26 de maio de 1939, às cinco e trinta. «Desde o mesmo momento em que te levantares, pede-me almas. Exige de mim que te dê pecadores. Com isso, dar-me-ias um gosto que não podes imaginar. Eu morri por todos. E morri sem ter estado doente; morri cheio de vida. Morri porque fui ferido. Se tu não me ajudas hoje, Eu não poderei salvar esta ou aquela alma: e já sabes quanto as amo. Salva-as como se fosse a mim que salvasses» (687).

12 de junho de 1937. «Divide o teu dia em três períodos. Pela manhã, ao

despertar, entrega-te ao Pai Criador que te oferece o seu próprio Filho como alimento. Depois da Missa, entrega-te ao Filho que está em ti. E à noite, adormece no Espírito Santo, que é o Amor» (151).

1937. «Pedi-te que despertasses entre os braços do Pai, porque cada despertar é uma nova criação» (183).

1937. «Pedi-te que adormecesses no Espírito Santo porque o vosso último suspiro deve ser exalado no amor» (186).

11 de julho de 1938. Uma tarde, em Le Croisic. «O sono é uma imagem da morte. Adormece sempre nos meus braços e assim aprenderás a morrer» (500).

13 de abril de 1940. Durante a refeição: «Não comas porque a comida é saborosa. Come para obedecer ao meu mandato de manter o corpo em estado

de servir-me. Assim, tu prepararás os alimentos para mim, e Eu prepararei para ti o banquete do céu. Esse banquete dos escolhidos que sou Eu mesmo» (874).

1939. Eu estava com fome e a comida parecia-me deliciosa. «Agradeces-me por esse alimento terreno, e tens toda a razão. Mas pensa que isto é uma simples imagem distante da satisfação que há no banquete eterno, na Divindade das Três Pessoas» (693).

Por ocasião dos pequenos incidentes cotidianos

1937. Na casa vazia. «Mas se estamos aqui em companhia, tu e Eu!» (168).

6 de março de 1940. «Como é fria e dolorosa uma casa desabitada! E como é feliz outra que está cheia de juventude,

de vida e de alegria! Esta é a diferença que separa uma alma em que Eu não habito porque ela me rejeita com o pecado, de outra em que estou presente. Pensa com frequência que estás habitada e ama o teu hóspede que te acompanha a toda a parte. E diz-lhe com simplicidade e franqueza tudo o que o teu amor te inspire...» (850).

1937. «Não receies desfrutar de mim. Vês esse pequeno inseto que levanta voo para o céu? Pois faz como ele. Aprende a olhar e, com isso, aprenderás a ver-me a mim, teu Criador» (132).

1937. Olhando eu umas roseiras que trepavam até a copa de uma cerejeira, disse-me Ele: «Certa vez ficaste comovida porque o teu pai te levou uma pequena rosa de Bengala, colhida na campina. Eu fiz todos os teus canteiros florescerem para ti. Ama-me mais por causa disso» (146).

1939. Diante de um encantador nascer do sol sobre a água, eu cantava: «Quão admirável é o nome do Senhor!» Disse-me Ele: «Não é verdade que os meus espetáculos são os melhores do mundo? Faço-os para vós. Se apenas soubésseis contemplá-los... agradecendo-me..., encontrando neles o meu Amor! Tu, retribui-me!» (785).

19 de outubro de 1938. Le Fresne. «Ainda não compreendeste que Eu quero estar sempre contigo? Por que ages por ti mesma, se estás em mim? Eu sou teu íntimo. Deveria ser-te impossível pensar fora de mim».

À tarde, na varanda, diante do Loire, esplêndido devido ao pôr do sol, eu dava-lhe graças por tantas belezas e flores.

Disse-me: «É que Eu queria que descansasses». (Eu acabava de voltar de Vervins) (555).

1939. No campo. «Honra e cumprimenta da tua varanda os anjos. Estão aqui porque tu os convidaste». Lembrei-me então de que, antes de sair, havia dito aos anjos: «Vinde, sentai-vos nos bancos do jardim e louvai a Deus por todas as maravilhas deste horizonte». Ele prosseguiu: «Honra os anjos da tua casa. Ah! Se tivesses um pouco de fé, viverias mais em contato com o mundo invisível do que com o visível» (659).

1º de abril de 1940. Le Fresne. No jardim, sentada sobre a borda de um poço, orava eu pela conversão de um pecador e dizia: «Senhor, lembra-te de que converteste a samaritana sentado à borda de um poço». Ele: «Sim, mas tive de esperar por ela». Fez-me compreender com isso que há ocasiões em que é preciso orar por longo tempo (867).

28 de dezembro de 1938. Depois de um período de frio intenso. «Que poucas pessoas me agradeceram que a temperatura tivesse melhorado!» (597).

Port-Vendres, 25 de abril de 1937. Num café, nas proximidades do cais. «Que alegria enorme me darias se, ao tomares um refresco, pensasses em umedecer os meus lábios secos! Mas não é a todos que peço uma coisa assim» (105).

1939. Lyon. Num bar cheio de gente. «Oferece-me aqui um Pai-nosso. Será o primeiro que me dizem neste lugar em muito tempo!» (753).

4 de agosto de 1937. Enquanto esperava por um ônibus em baixo de umas

árvores. «Repara como o ano desliza imperceptivelmente na mudança das estações. O mesmo acontece com o progresso espiritual das almas; tem paciência com as tuas lentidões» (234).

1º de setembro de 1937. «Escutas os passarinhos que saltitam pelas árvores? Conversam em voz baixa e sem interrupção. Ruídos de pássaros.

«Conversa comigo em voz baixa e sem interrupção. Ruídos de almas» (252).

7 de abril de 1938. No trem de Paris a Grenoble. Um jovem casal de esposos conversava carinhosamente no vagão-restaurante. Ele: «Oxalá falasses comigo com essa mesma alegria! [...] De agora em diante, dedica a tua vida a encantar-me, e verás como ela se transforma. Agradar-me. Viver para mim. Este é o verdadeiro sentido do ser» (418).

1937. Um bebê balbuciava no seu carrinho enquanto os pais se encontravam diante de um guichê dos correios. Jesus disse-me: «O teu amor não passa do balbucio de uma criança pequenina» (180).

3 de novembro de 1939, diante do fogo. «Vês? Nada arde sem contato direto. Aproxima-te de mim, une-te a mim. Unir-se significa chegar a ser uma só coisa» (786).

1937. Enquanto eu olhava umas rosas murchas: «Eu não murcho. Eu não engano» (126).

10 de junho de 1938. Aniversário da minha Primeira Comunhão. Diante de umas rosas esplêndidas. Ele: «Isto é para ti. Para que me ames ainda mais» (461).

1937. «Vês? O empregado que atendia no caixa disse-te o outro dia que certa vez lhe deste um pequeno lápis, e tu já não te lembravas disso. Quantas pequenezes já me ofereceste das quais não te lembras! Digo-te isto para te dar ânimo» (192).

4 de abril de 1938. Ao ver um homem pobre que dormia sobre um banco ao relento, disse-lhe: «Tem piedade dele!» Ele respondeu-me: «A ti, que recebeste tantas graças, ser-te-á pedido mais do que a ele» (416).

1939. Certa vez, enquanto um sacerdote me abençoava. «Ele é quem traça o sinal da Cruz, mas sou Eu quem te abençoa» (660).

NO TRABALHO

Pode-se dizer, de maneira geral, que o trabalho, seja pequeno ou grande, pode ser feito de duas maneiras: ou olhando maquinalmente apenas para o que tem de ser feito, para o resultado imediato, ou erguendo o olhar para o fim, como uma mãe que em tudo o que faz considera as pessoas, o marido e os filhos, por quem o faz. A primeira forma de trabalhar afasta de Deus; a segunda, se o quisermos, se nos lembrarmos de lhe oferecer o que fazemos, une a Ele.

Os pontos que se seguem trazem um sem-número de sugestões que podem ajudar-nos a transformar qualquer tarefa, mesmo algo tão intranscendente como desatar um nó, em uma obra de amor realizada por Deus.

Deus está no trabalho

18 de abril de 1937, na sala de um teatro. «Por que me falas como se Eu estivesse muito distante? Estou perto de ti... Estou no teu coração!» (96).

16 de novembro de 1937. Bastia. Durante um ensaio longo e cansativo, disse--me, como que para me animar: «Estou aqui» (330).

1938. Em Lozère. No Grand Hotel, pensei nas mulheres que lavam a louça. Ele disse-me: «Não acabas de entender que qualquer coisa pode ser feita por amor de mim? Eu não vejo nessas coisas a diferença que vós introduzis nelas. O que levo em consideração são os diferentes graus de amor» (540).

29 de abril de 1939. No trem de Nantes a Le Fresne, pensava comigo mesma

ao ver as terras cultivadas: «Ele deve estar contente por ver que os homens cumpriram tão bem o seu dever de trabalhadores». Disse-me: «Ah, se todo esse trabalho tivesse sido feito por amor de mim!» (667).

20 de agosto de 1937. Le Fresne. Durante a Missa, eu ouvia as primeiras execuções dos meus organistas principiantes. Disse-me Ele: «O que mais me agrada não são precisamente as harmonias exatas, mas o esforço de uma vontade enamorada da minha glória» (242).

1937. «Por acaso te dou alguma vez pérolas manchadas ou rosas em mau estado? Cuida que as tuas ações estejam sempre orvalhadas de entusiasmo e de amor e oferece-as a mim» (191).

22 de agosto de 1936. A bordo de um navio. Durante o concerto de música

clássica, eu tinha-lhe oferecido como em ramalhetes os sons e a sua doçura. Ele disse-me suavemente, como já o fizera antes: «Minha filha, minha pequena» (1).

Outubro de 1936, perto de Québec. As crianças tinham terminado de cantar, e eu dizia-lhe: «Nunca mais te falei cantando!» Ele respondeu-me: «A minha música é o teu amor» (9).

25 de novembro de 1937. Ajaccio, dia das duas apresentações de *Cantora de rua**. Dizia-lhe eu: «Senhor, serás Tu quem vai representar o meu papel». Respondeu-me: «Não. Tu representas o papel e Eu toco as almas» (340).

9 de junho de 1937. Le Fresne. «Não te preocupes com a opinião deste

---

(*) *Chanteuse de rue*, peça da autora (N. do T.).

ou daquele outro, mas somente com agradar-me».

Em Glomel, nas Côtes-du-Nord, a plateia do teatro estava bastante vazia no começo. Mas Ele insistiu em dizer-me: «E daí? Tu representas para mim» (147).

Janeiro de 1939, em Seine-et-Oise. «Não te envaideças de nada. Que te importa que as pessoas pensem isto ou aquilo de ti? Deve bastar-te que Eu o saiba» (601).

3 de outubro de 1937. «Divide o teu dia para que tenhas maior segurança em oferecê-lo todo a mim. Oferece-me essa Visita [ao Santíssimo Sacramento], essa outra tarefa. Olha sempre para mim, nunca para ti. Sobe acima das tuas pequenas preocupações para não pensar senão em mim» (302).

Nos trabalhos domésticos

1937. No campo. Enquanto eu plantava uns gerânios na varanda e estendia grinaldas entre os arcos: «Quantas coisas belas faremos juntos, nós dois! Eu quis que o homem fosse meu colaborador a fim de estreitar a nossa união. O amor tende à união» (107).

1937. Ao regressar a casa. «Põe em ordem tudo o que te rodeia. É um modo de refletir a santidade. Experimenta-o» (272).

21 de maio de 1938. Nantes, de volta a casa. «Que se possa julgar a tua alma pela ordem da tua casa» (451).

29 de junho de 1937. Enquanto eu punha um pouco de ordem nas minhas coisas, dizia-lhe: «Senhor, não falas comigo!» Ele então respondeu-me suavemente:

«Quando te vejo muito ocupada, tenho receio de interromper-te» (187).

1937. Queixava-me por ter de fazer todos os dias as mesmas coisas: tarefas diversas, viagens, visitas. Ele: «Para mim, sempre é algo novo que me ames» (309).

1938. Enquanto remendava as minhas luvas, perguntava-me a mim mesma: «Será possível que isto seja contado como obra de amor?» Ele respondeu-me: «Quando eu passava a plaina sobre a madeira, estava realizando a salvação do mundo» (367).

1939. Eu: «Hoje, Senhor, é a tua festa de Corpus. Que deverei dar-te?» Ele: «A fidelidade nas pequenas coisas» (698).

22 de maio de 1939. Em Génerald. «Comprazes-te em fazer algo de bonito

com um objeto de pouco valor. É assim que Eu atuo nas almas, e sou feliz com isso» (681).

2 de julho de 1937, primeira sexta-feira do mês. «Podes chamar-me teu Esposo. Desposei-me contigo na minha Humanidade crucificada. Pensa que, mesmo quando desembaraças um mero fio, se o fazes por amor de mim, honras-me grandemente».

1939. Enquanto eu desfazia um nó complicado, Ele disse-me: «Assim acontece com as almas. Há sempre um ponto fraco que pode ser alcançado com paciência e carinho» (685).

13 de junho de 1939, terça-feira, dia dedicado às minhas jovens atrizes. Eu tinha ficado encarregada de preparar uns panos brancos e vermelhos para a procissão. Disse-me Ele: «Hoje, ocupa-te

das minhas vestes». Pela tarde, como eu tinha trabalhado nisso com uma vizinha sem pensar nEle, pedi-lhe perdão. Ele: «Então, pensa em mim quando fores entregar o teu trabalho; pensa em mim e obterás as mesmas graças, como os operários da undécima hora. Assim é a minha misericórdia» (704).

NAS CONTRARIEDADES

Os sofrimentos tendem a absorver-nos em nós mesmos, as contrariedades a irritar-nos e a fazer com que fiquemos obsessionados por elas, os nossos defeitos a sentir vergonha e desagrado. No entanto, todas essas coisas, e a previsão delas que uma ou outra vez nos cruza o pensamento, podem servir-nos para unir de maneira muito especial a nossa vontade com a de Deus e, assim, conduzir-nos à alegria.

Em contrariedades pequenas

21 de junho de 1938, após a comunhão. Enquanto eu lhe agradecia pelos passarinhos que cantam neste dia, pelo

céu azul, pelo Loire e pelas flores, disse-me: «Agradeces-me o meu sol, e fazes bem. Mas deves agradecer-me igualmente pelos dias ruins, pois tudo vem da minha Providência» (472).

11 de maio de 1938. Argel. «Crês profundamente em mim? Não te queixes nunca; nem diante dos outros, nem diante de ti mesma» (447).

1937. Taormina, na Sicília. Eu observava as mulheres que tinham marido para ajudá-las nas pequenas dificuldades de uma viagem. Ele disse-me: «E por acaso não estou Eu aqui?» (77).

2 de julho de 1937, primeira sexta-feira do mês. Numa estação. Eu pensava resignada: «Vamos, ânimo, carrega de novo os teus pesados pacotes!» Ele, com viveza: «Os nossos pacotes!» (202).

1937. No Puy de Dôme, eu carregava a duras penas a minha bagagem depois de uma noite agitada a bordo de um trem. E dizia nas escadas do metrô: «Eu carrego a minha cruz contigo, mas Tu tiveste quem te ajudasse a carregá-la». Nesse momento, um cavalheiro ofereceu-se para carregar uma das minhas malas (71).

13 de janeiro de 1939. No trem para Poitiers, senti-me cheia de consolação. Ele: «Se permanecesses na tua casa a serviço de um egoísmo confortável, não receberias tantas graças. Não é verdade que Eu sei recompensar aqueles que me servem?» (610).

1936. Eu dizia ao ver a agitação do mar: «Senhor, Tu sabes que faço tudo isto por ti; então para que preciso dizer-te?»

Ele: «Precisas dizer-me porque gosto de ouvi-lo. Dize-o com frequência. Não é verdade que, quando sabes que alguém te ama, gostas de que te diga isso?» (3).

23 de abril de 1937. «Amanhã subirás ao barco. Confia-te a mim. Abandona-te a mim, como da outra vez, no hidroavião» (101).

25 de maio de 1939. Eu achava que estava mais feia do que de costume. «Alegra-te com a tua aparência exterior: é a que Eu te dei» (683).

31 de janeiro de 1938. No trem para Paris. Eu olhava o meu vestido simples e dizia-lhe: «Senhor, estou com o meu vestido de todos os dias». Respondeu-me Ele: «Que importa isso, se tens a bondade dos dias de festa?» (Por causa de uma obra boa que eu tinha feito) (379).

17 de julho de 1940. Após algum tempo, voltei à minha casa na cidade e descobri com pesar que um relógio com o seu estojo tinha sido roubado pelos alemães. «Exercita-te no desprendimento de todos esses brinquedinhos da terra. Que o teu coração se volte para as coisas do céu, que não pereçam. Assim me agradarás» (940).

1937. La Louvesc, Ardèche. Eu tinha perdido no corredor do teatro uma parte dos meus objetos e pensava: «Nunca tenho aquilo de que preciso». Ele: «Basta-te ter um coração para amar-me» (231).

3 de novembro de 1936. Regresso a bordo do *Île de France*. «Não te detenhas em ninharias. Vai em direção ao meu Amor, com o olhar fixo. Se caíres, levanta-te e olha-me de novo» (11).

21 de agosto de 1937. «Por que pensas tanto nessas insignificâncias?» (Um dos canos de água tinha-se rompido). «Olha-as do alto» (243).

22 de janeiro de 1938. Na Bretanha. Ao voltar do Finistère, encontrei o meu apartamento inundado por causa de um encanamento que se havia rompido no andar de cima e esforçava-me por sorrir diante daquele contratempo como se fosse um motivo de alegria, já que vinha dEle. Quando o problema foi resolvido, disse-me Ele: «Conseguiste uma vitória. Que pouco valor devemos dar a tudo o que não é um pecado!» (375).

1937. «Quando recebes com um sorriso as pequenas contrariedades da vida diária, curas as minhas Chagas» (165).

19 de abril de 1939. A bordo do *Lamoricière*, de Túnis para Bizerta e depois

para Marselha. Durante uma tempestade, no fundo do meu camarote ansiava eu pela minha varandinha tranquila de Fresne. Ele: «Por que não anseias antes estar no céu, sobre o meu Coração, que é melhor?» Eu: «Senhor, talvez seja porque ainda não vi o céu». Ele: «Onde está a tua fé?» (654).

Na doença e na dor

20 de janeiro de 1939. Depois de receber um favor, eu pensava: «Como Ele é bom!» Disse-me: «Neste momento, dizes que sou bom. Mas se sempre sou bom, com uma Bondade inamovível! É preciso que tenhas isso em mente para manter vivo o teu amor» (612).

30 de março de 1939. Eu pensava na aspereza dos sofrimentos da terra. Ele: «É que nunca viste a minha Glória, que os compensa» (640).

3 de outubro de 1936. Na região de Saskatchewan. Ele: «Prende-me no teu coração com um sinal da Cruz, como entre dois barrotes» (6).

12 de maio de 1937. «Eu ando à procura de sofrimentos que se queiram unir aos meus» (119).

11 de junho de 1937. Durante um sofrimento por que passei, ouvi como me dizia: «Agora és tu quem oferece [a dor]» (149).

1937. «Dá-me sofrimentos. Dá-mos, porque no céu ninguém mos pode dar» (198).

Ao tomar consciência dos defeitos

26 de outubro de 1939. Tive uma tarde mundana e cheia de maledicências. Quando lhe pedi perdão, disse-me:

«Para reparar, faz oração. Lembra-te desse pó que tens de espanar todos os dias dos teus móveis. Canta-me um cântico de reparação por essas faltas» (782).

2 de janeiro de 1940. Após um dia bem medíocre. «Vês como não podes nada por ti mesma? Lança-te nos meus braços cada dia e pede-me forças para pôr a devida atenção nos detalhes. A vida está feita de pequenezes. Não contes contigo, mas comigo» (819).

1938. Diante dos meus inúmeros defeitos, pensava eu: «Nunca conseguirei corrigir-me». Ele disse-me: "Tu não conseguirás nunca, mas "nós", sim» (485).

1936. «Volta sempre para Mim como se nunca me tivesses deixado. Assim agradar-me-ás» (30).

12 de fevereiro de 1939. Nantes. Vendo que eu procurava precisar o número dos meus pecados: «Para que contas? Eu perdoo sem contar...» (620).

1938. Bastia. «Diz-me todos os dias que queres ser melhor do que ontem. E trata de prever as ocasiões» (532).

30 de abril de 1937, voltando de trem. «Quando um objeto precisa de conserto, é posto nas mãos de um artífice. Põe a tua alma, silenciosa e imóvel, diante dos meus olhos. Eu a conserto!» (106).

1937. Eu tinha tido alguns pensamentos de orgulho. Disse-me: «Lembra-te de que já se disse que no inferno há virgens, mas não almas humildes» (315).

1939. Via-Sacra. Primeira estação. «Tu me condenarias à morte se, no teu espírito, deixasses que se obscurecesse a memória de mim, sufocada pela selva dos pensamentos terrenos» (817).

Cruz, penitência voluntária

2 de junho de 1937. Lagny. Eu: «Senhor, é possível que os meus pecados me impeçam de ser santa?» Ele: «Vive de contrários. Vive de humildades no lugar dos teus orgulhos e de penitências no lugar das tuas covardias. Vive de contrários» (139).

1940. Ele: «Todo o cristão que vive em Graça é outro Cristo. Diz-se com frequência que, em cada homem, há vários homens. Cristo foi todos os homens. Carregou todos os pecados sobre si. Une-te, pois, a Ele, porque Ele foi "tu" quando tomou sobre si os teus pecados. [...] Tratai-me como o Íntimo que não apenas perdoa as faltas que lhe são confiadas, mas as toma sobre si para obter o perdão do Pai» (839).

27 de novembro de 1939. Advento. «Tu sabes que no céu não há lugar para nenhuma mancha ou imperfeição. Vivamos juntos, minha Gabrielle, como meio de reparação, de súplica, de conversão. Faz-me companhia ininterruptamente. Seria tão triste que Eu estivesse em ti e tu não me respondesses. Eu nunca te deixo só: moro em ti. Tu, por tua vez, nunca me deixes só no teu coração» (796).

8 de fevereiro de 1938. Enquanto fazia uma mortificação corporal, eu dizia: «Se estes golpes pudessem alcançar o meu coração e torná-lo mais sensível aos sofrimentos de Cristo!» Disse-me Ele então: «Terei em conta o teu desejo como se o tivesses cumprido. Aviva com mais frequência os teus bons desejos» (388).

1937. Eu deixava de mortificar o meu corpo. «Eu não tirei a minha coroa de espinhos» (286).

24 de junho de 1940. «Não penses que seja tão difícil fazer penitência. Vós expiareis sempre que tiverdes a intenção de fazê-lo e vos unirdes aos meus sofrimentos. A vossa expiação agrada ao Pai porque sois livres, ao passo que a expiação no Purgatório é independente da vossa vontade» (924).

Nantes, 14 de junho de 1937. «Já terás percebido que em algumas ocasiões te peço que ofereças um sacrifício», tinha-me dito Ele. Depois de uma apresentação que foi muito aplaudida, eu disse-lhe: «Senhor, Tu me deste uma vida tão realizada! Que posso oferecer ao Pai como sacrifício?» Ele: «Oferece-lhe os meus» (160).

24 de maio de 1940. «A minha Cruz. Sim, é minha, pois ela e Eu formamos uma só coisa. Quando a encontras, é a mim que encontras; acolhe-nos, pois, a Nós dois juntos» (899).

Ao pensar na morte

1937. «Oferece-me com frequência, todos os dias, a tua morte, assim como Eu ofereço a minha diariamente ao meu Pai [na Missa]» (190).

1937. Eu disse-lhe: «Senhor, será que saberei morrer de uma maneira boa? Ensina-me a morrer!» Respondeu-me, como que sorrindo: «Faz com frequência os teus "ensaios gerais"» (193).

21 de agosto de 1940. Eu: «Senhor, uma vez que tudo está presente para Ti, quero oferecer-te já agora a minha

morte como um holocausto perfeito de amor e de arrependimento».

Ele: «Lembra-te: a tua alma dar-me-á a sua ruptura com o corpo como se fosse um perfume, como uma florzinha que Eu fiz crescer» (960).

19 de abril de 1940. «Senhor, viverás comigo? Sozinha, não poderia viver. Também morrerás comigo? Porque, sozinha, não saberia como morrer». Ele: «Assim será!» (881).

1938. Eu pensava na morte e me perguntava: «Que farei [nessa hora]? Serei capaz, ao menos, de dizer bom-dia ao meu Deus?» Ele, com vivacidade: «Serei Eu quem te desejará bom-dia» (457).

22 de agosto de 1940. Le Fresne. Hora Santa. «Senhor, não terei antes da minha morte alguns impulsos mais fortes para Ti? Alguns esforços mais heroicos? Ou

será que continuarei a vegetar no meu nível ordinário?»

Ele: «Tira a tua força da força dos santos, da força do Santo. Une-te a mim, concede ao meu amor o prazer de ajudar-te e transformar-te. Abandona-te, solta o passo, manifesta-me desejos veementes e frequentes. Se o fizeres, Eu não poderei resistir, e só quem não me conhece poderia duvidar disso. Se fores generosa, Eu o serei ainda mais. Como um vento forte, como uma ave de rapina, assim sou: "Eu sou Aquele que arrebata".

«Não resistas. É a vossa confiança que desencadeia o prodigioso poder do meu Amor. Porque vos entregastes, Eu vos farei entrar no meu jardim secreto, entre as flores e os frutos. Tereis um anel no dedo, e o vosso passo ajustar-se-á ao meu. Reduzirei a minha estatura à vossa, para que as nossas palavras possam encontrar-se sem dificuldade. Será muito doce, pequena alma amiga. Também tu, como Pedro, me pedirás para fazer duas tendas; mas não teremos mais que uma, e o teu olhar lerá no meu que o sofrimento passageiro leva a uma vida sem fim, e dirás: "Como é simples!" E dirás bem, porque tudo é simples para o Amor.

«Dir-me-ás: "Senhor, tu eras para mim todo Misericórdia e Bondade e eu não o sabia". O véu se rasgará, e terás pleno conhecimento do que sofri por vós. Por enquanto, trabalhas, batalhas no meio da noite. Mas tens de dizer-me que crês em tudo, que me adoras no mistério. A quem irias se não fosse a mim? Portanto, entrega-te a mim na paz. Que Eu tenha o consolo de levar a minha filhinha aonde Eu quiser. Queres vir comigo de olhos fechados?»

Eu: «Senhor, percorramos juntos todas as sendas por onde andei durante a minha vida e abençoa todos aqueles que encontrei, vivos ou mortos».

Ele, como que sorrindo, respondeu-me: «Fazendo-me abençoar, fazes-me exercer o meu ofício» (963).

EM DESLOCAMENTOS

O trânsito de um lugar para outro, seja em viagens, seja em deslocamentos menores dentro da cidade onde vivemos, absorve a mente no destino ou nas distrações e novidades que se apresentam ao longo do trajeto. Mas toda a viagem deveria sugerir-nos a viagem da vida, rumo ao céu; as pessoas com quem nos encontramos, ou que de uma forma ou de outra viajam conosco, dirigem-se como nós para essa mesma meta; e a autora mostra-nos como tirar proveito dos incidentes que poderiam distrair--nos para elevar o nosso coração a Deus.

De viagem

14 de outubro de 1938. Ao sair do meu aposento de Fresne para ir a Vervins,

disse-lhe: «Até mais, meu Deus, que és tão bom». Ele: «Mas se vou contigo!» (553).

1939. Numa estação, durante a noite, eu olhava as casas sem luz. Ele disse-me: «Todos dormem. Permite que eu me refugie no teu coração» (606).

23 de abril de 1939. De Nantes a Fresne. Percebi que tinha estado a ponto de perder o trem. Ele: «Tu não conheces toda a proteção com que cuido de ti» (662).

9 de janeiro de 1939. No trem: «Pede sempre pelos que te rodeiam. Aqui. Nos países que visitas. Em toda a parte» (608).

4 de fevereiro de 1939, no metrô. «Quando me mandas uma flecha de amor, a minha Onipotência logo a

utiliza para socorrer uma alma necessitada. Não precisas ter o trabalho de designá-la» (617).

14 de maio de 1937. No trem, rumo a Quimper. Disse-me: «Por que limitas os teus pedidos? Não te escuto sempre?» Recordou-me então muitas coisas. E continuou: «Já sabes que sempre te ouço; então, por que não pedes mais?» (Eu pensava na paz, na França, no purgatório, nas conversões) (121).

9 de janeiro de 1939, em Ozoir. «Tu podes salvar os que Eu não pude. Compreende bem isto: a maior comediante do mundo diminui-se se servir à terra; em contrapartida, é grande se se puser a serviço de Deus» (608).

3 de junho de 1937. Na estação de Austerlitz, eu observava uma pequena

mosca que caminhava sobre o piso e dizia a Deus: «Tu também, Senhor, me olhas lá do alto». Respondeu-me:«Não somente te olho, mas te amo» (140).

1937. Na Estação Saint-Lazare, uma garotinha dizia ao seu pai: «Dá-me a mão». Disse-me Jesus: «Deves dizer-me isso mesmo com frequência» (282).

16 de março de 1938. Na estação de Rennes. «As pessoas ficam contentes quando agitam o lenço à hora da despedida; da mesma forma, Eu também fico contente quando tu me envias, do fundo do teu coração, um bom-dia» (405).

23 de maio de 1937. Gevray, Chambertin, na Côte d'Or, no meio de uns vinhedos. «Arranca-te de ti mesma. Planta-te em Mim» (127).

26 de julho de 1937. No Sul da França. «Olha a folha na árvore, tão grande e tão verde. Que aconteceria se ela se soltasse do tronco e do ramo?» (225).

1937. Nas salinas. «Vês? Não fizeste senão atravessar a atmosfera das salinas e já tens sal nos lábios. Quando tu me recebes pela manhã [na Comunhão], algo de mim permanece em ti durante todo o dia» (233).

1937. No hotel, durante um programa de rádio. «Que a tua música seja um silêncio com a atenção voltada para mim» (284).

15 de julho de 1938. Na Bretanha, olhando o mar. «A minha Bondade é de uma imensidão maior do que esta. Desafio-te a encontrar os seus limites» (499).

19 de novembro de 1937. Vico*. Para não perder a Missa da manhã do domingo, tive de percorrer a pé os sete quilómetros que separam Porto de Piana, sozinha por duas horas entre o matagal e o mar. Eu oferecia os intensos perfumes desta terra corsa à Santíssima Virgem e, como não sentisse a fadiga da contínua subida, Jesus disse-me: «Vês? No amor, tudo é fácil». Eu sentia a sua presença à minha esquerda (331).

25 de novembro de 1937. Em Ajaccio, na Casa de São José. No meu quarto, pensava que aquele seria o último dia em que veria essa paisagem do Mediterrâneo, com esse sol quente. Jesus disse-me: «A terra não é senão um lugar de passagem. Impregna-te disso» (340).

———

(*) Vico Piana, aldeia da Córsega próxima da cidade de Piana (N. do T.).

Na rua

1937. «Caminha com rapidez e entusiasmo, como se Deus estivesse no final do caminho» (290).

1937. No momento em que eu saía de casa. «Toma contigo o meu Evangelho e traze-o sempre contigo. Assim, dar-me-ás alegria» (109).

1º de abril de 1938. No metrô: «Fala comigo, fala comigo!» (414).

1939. Em Lyon. «Serás capaz de percorrer toda esta rua sem olhar para as pessoas que passam, só para me dar uma alegria?» (657).

27 de junho de 1938. Cinco e quarenta e cinco da manhã, na avenida solitária. «Diz-me que hoje vais oferecer-me em reparação mais coisas do que ontem». E mais tarde, em um momento de

descanso: «Trabalhaste na Redenção? O trabalho na Redenção é a medida da santidade» (481).

21 de outubro de 1938. Veio-me o pensamento de que, se eu abandonasse todas estas idas e vindas da profissão teatral, poderia dedicar-me mais à solidão. Disse-me Ele: «Pedro estava fugindo de Roma quando me encontrou no caminho. Disse-me: "Mestre, aonde vais?" E Eu respondi: "Vou a Roma, para ser crucificado em teu lugar"» (556).

25 de maio de 1937. Rennes, no trem. «Por que haverias de viver na solidão, se Eu quero que vivas em público?» E depois, com muito carinho: «Minha filhinha tão amada, leva-me, leva-me aos outros. Sobrenaturaliza» (128).

29 de janeiro de 1937. «Começa a tua Via-Sacra ao saíres de casa, em união com o trajeto que Eu tive de percorrer a partir do Horto da minha Agonia» (42).

19 de maio de 1937. Paris, no metrô. «Eu sou a Hóstia. Tu és a custódia. Os raios dourados são as minhas graças através de ti» (123).

1937. Enquanto eu ia de um lugar para outro: «Não vos peço que sejais como anjos. Peço-vos que sejais santos segundo a vossa natureza» (150).

DURANTE AS PRÁTICAS DE PIEDADE

As práticas de piedade, especialmente a Missa e a comunhão, em que tocamos Cristo diretamente, são fonte de todo o recolhimento e presença de Deus... se realmente as vivermos e pusermos nelas o esforço para aproveitá-las bem.

8 de fevereiro de 1938. «Não achas que, se algumas das almas do purgatório tivessem usado a água benta e outros sacramentais, poderiam agora estar no céu? Emprega esses meios que Eu instituí para vós» (388).

Oração mental

21 de agosto de 1937. «Quando separas um pouco de tempo para te deteres diante mim, tu te entregas e Eu posso falar contigo. Separa os teus tempos [para a oração]» (244).

29 de janeiro de 1939. De dentro do trem, eu olhava a catedral [de Laon], que parecia estar suspensa, trespassando o céu e a montanha. Alegrava-me porque a tinham construído com tanta magnificência para abrigar o Homem-Deus. Disse-me: «Mas os meus melhores templos estão nos vossos corações» (614).

12 de julho de 1937. «A tua conversa comigo? Que sejam palavras breves. Compreendes? Sem esforço. Quanto maior é o amor, menor é o esforço» (213).

1937. «A oração não deve ser cansativa para ti. Para que tantas complicações? Deve ser simples, grata, como uma conversa em família» (195).

17 de julho de 1939. «Será que é tão difícil pensar em mim? Conta-me tudo o que te interessa, tudo o que entretece a tua vida. Escutar-te-ei com muita alegria. Se soubesses com quanta atenção!...» (725).

1937. «Não te ocupes em fazer orações de muitas palavras. Simplesmente ama-me. Com um olhar interior. Com um terno sorriso de amizade» (211).

1937. «Há muitas maneiras de falar-me. Quanto a ti, fala-me com o teu coração» (188).

1937. «Considera todas as coisas à luz da Eternidade» (154).

29 de junho de 1938. Eu considerava a pobreza dos meus sentimentos. Ele: «Dá-me tudo o que puderes. Vai até o final. Propõe-te não guardar nada do que tens para ti. Dá-me tudo, até as tuas faltas. Eu também terei os teus esforços na conta de virtude» (482).

17 de janeiro de 1940. «Não me vês, não me sentes, mas Eu estou aqui, cheio de amor, e estendo-te os braços. Nada na terra afasta o meu pensamento de vós; mas os homens têm pensamentos curtos e, por isso, pensam que os meus também o são... Mas Eu sou o Ser estável, o imutável. Eu sou a Presença, sou o Olhar. Eu sou Aquele que contém tudo. Eu sou o Instante, bem como sou a Eternidade. Sou pura riqueza de Amor. Eu sou Aquele que sempre vos chama para que vos lanceis no meu Coração sem temor. Eu chamo. Tu, pelo menos, responde-me» (823).

30 de junho de 1937. «Tu me sentes com maior ou menor viveza, mas Eu não mudo» (189).

17 de janeiro de 1940. «Tu não me sentes sempre da mesma maneira; mas a escuridão não deve impedir o teu avanço. Humilha-te e avança com fidelidade. Anda!» (823).

15 de setembro de 1937. «Mesmo que Eu não te fale, dás-me alegria se te empenhas em escutar-me. Ouve-me. Quem poderia ser mais feliz que vós, os cristãos? Tendes um mesmo Pai, que é o meu, e uma mesma Mãe, que é a minha. E Eu sou vosso Irmão. Compreendei-o na alegria!» (279).

10 de julho de 1937. Eu havia estado no terraço, cuidando das flores, antes de fazer a minha oração. Como me

demorasse ali, Ele me disse: «E quando chegará a minha vez?» (212).

1938. «Com os outros, podes falar pensando em outra coisa, mas comigo, não!» (536).

1937. «A música eleva o homem acima deste mundo. Por que haverias tu de estranhar que contemplar-me leve ao êxtase?» (153).

As orações vocais

22 de novembro de 1939. Eu estava cansada de contemplar. Ele: «Por isso existe também a oração vocal. Uma maneira de orar faz descansar da outra, e assim sempre se está comigo. É preciso que não percas a alegria. Essa alegria que te é tão necessária para voar para o Alto» (793).

12 de dezembro de 1938, en Sartène. Umas crianças rezavam distraidamente o terço. «Como desfiguram o meu Pai-Nosso!» (585).

1940. Numa avenida. «Não rezes as tuas orações como se fossem uma tarefa obrigatória. Recita-as antes como se contasses uma história nova e encantadora ao ouvido do Amado. E será ainda melhor que as digas com um sorriso interior. Como serás bem ouvida se orares assim!» (857).

24 de abril de 1939. Vendo que eu me esforçava em vão por recitar o Pai-Nosso, disse-me: «Mesmo que o filho pequeno não consiga alguma coisa, seu Pai olha-o e fica contente com os seus esforços» (663).

6 de outubro de 1938. Ao repetir uma oração [vocal], eu pensava: «Agora vou

cansar-te, Senhor». Disse-me: «Uma oração não pode cansar-me. Sou sensível a qualquer sinal de afeto» (548).

21 de outubro de 1939, em Nantes. «Quando te peço que repitas com frequência: "Sei que estás presente, amo-te", quero que a tua piedade cresça. Obrigam os soldados a exercitar-se até que conheçam bem todos os movimentos que têm de fazer. O mesmo acontece na vida do espírito: à força de repetir, de tornar a começar, chega-se a dominar os grandes impulsos, e depois disso tudo fica fácil. Mas o exercício é indispensável» (781).

14 de abril de 1940. «Deves entrar na etapa da grande confiança. Deves começar a compreender que as palavras das vossas orações não foram feitas para golpear o ar, mas para atingir

como flechas o Coração do Pai, que as recebe com Amor. Toda a oração é uma flecha. Tende uma certeza grande de que sois ouvidos por um Deus infinitamente paternal que, se não vos escuta à vossa maneira, vos ouve de maneira ainda melhor. Sois ouvidos por Alguém que está no centro do vosso próprio ser» (875).

29 de janeiro de 1939. Na catedral de Laon. «Com frequência, faço com que repitas os três primeiros pedidos do Pai-Nosso: "Santificado seja o vosso nome; venha a nós o vosso reino; seja feita a vossa vontade". Agora repete este outro: "Que o zelo da vossa casa me devore" (Sl 68, 10)» (614).

1938. Em Túnis. Igreja do Sagrado Coração. Eu rezava o Pai-nosso depois de comungar. «Que maravilha quando puderes dizer: "Chegou o teu reino"!

«E quando fazes o sinal da Cruz, envolvo-te de cima a baixo em toda a tua longitude» (428).

24 de abril de 1939. Depois de comungar, eu rezava o Pai-nosso. Ele: «Que outra oração poderia igualar-se à que Eu mesmo compus?» E eu sentia como se a cada pedido do Pai-nosso Ele me apertasse contra o seu coração (663).

5 de agosto de 1939. «Quando disseres: "Seja feita a vossa vontade assim na terra como no céu", pede a santidade para todos os teus irmãos da terra. [...] Faz esse pedido com fervor. Que felicidade não haveria se a amável vontade do Pai boníssimo fosse feita na terra como o é no céu! Oferece os sofrimentos da minha Paixão para que assim seja» (741).

24 de agosto de 1940. «Um único Pai-nosso rezado por um santo pode mais

que muitas orações ditas sem amor. Que haja amor nas tuas palavras, como uma efusão do teu coração; então as tuas palavras me consolarão. Não sentes muita alegria ao pensar que dás descanso ao teu Deus? Diz-me a oração. Que Eu a ouça bem pronunciada ao meu ouvido, como um segredo de amor» (966).

24 de abril de 1939. «Ama as tuas orações: o Pai-nosso, a Ave-Maria. Tu, que gostas das coisas de arte, ama a tuas orações. Quando rezas, Eu guio as palavras nos teus lábios, como se guiam os passos de uma criancinha» (663).

1939. «E agora, dá-me alguns Pai-nossos e algumas Ave-Marias, de que preciso para os meus pecadores: as minhas pequenas fábricas de orações [os cristãos] logo esgotam as suas reservas» (809).

28 de agosto de 1940. «A oração! Quando não puderes entrar na casa de um doente ou penetrar num coração, a tua oração entrará. Quantas vezes ela entra antes de ti, e pode entrar mesmo quando tu mesma não entras! E essa alma salva-se e cantará a minha glória. Oh, quanto vale a oração!» (971).

Em visita ao Santíssimo Sacramento

6 de novembro de 1939, na cidade. Eu passava por uma igreja. Ele: «Por que não entras para ver-me? E se Eu tivesse algo a dizer-te? Tu não passarias diante da casa de uma amiga íntima sem entrar correndo alegremente. Até ajeitarias as coisas para pôr essa visita no teu percurso. No entanto, essa amiga não te esperaria com tanto desejo como o que tem o teu Salvador.

Entra, isso não te atrasará. Vê quanto te amo...» (787).

26 de abril de 1939. Visita ao Santíssimo Sacramento. «Por que não me falas do que fizeste hoje?» (tinham sido trabalhos de jardinagem). «Isso seria para mim uma mostra de confiança e intimidade» (665).

1939. Numa igreja, perto da estação. Disse-me: «Conta-me tudo o que te interessa ou te pode ter feito sofrer. Muitos imaginam que devem dirigir-se a mim numa linguagem especial, e por isso não falam comigo. Mas tudo seria diferente se pensassem quanto me agradaria que os meus irmãos se aproximassem de mim com simplicidade e com um pouco de carinho... Vós todos, que sois os meus amigos mais delicados, vinde aplacar a minha sede. Tenho sede de vós!» (754).

25 de agosto de 1937. Fiz-lhe uma visita no Santíssimo Sacramento. Disse-me simplesmente: «Aqui estou» (246).

30 de maio de 1937. Em Seine-et-Oise: «Quando estiveres na igreja, lança para longe de ti todo o pensamento sobre as preocupações do dia. Tira-os como se tira uma roupa. Então serás toda para mim» (137).

Domingo de carnaval de 1938. Na igreja de Langogne, Lozère. Eu: «Senhor, estou-te chamando!» Ele: «E quantas vezes não vim sem que me tivesses chamado?» (396).

1940. Visita numa igreja vazia. Disse-lhe: «Senhor, estou contente por ver esses belos lírios em torno do teu altar». Respondeu-me: «Tenho flores, mas (tristemente) faltam-me almas...» (887).

1937. Túnis, na igreja do Sagrado Coração. «Por que não querem os homens crer no meu Amor? Terei sido mau com eles? Por acaso me vinguei de alguém enquanto estive na terra? Não fui sempre todo indulgência e perdão? Não me converti por inteiro em dor por amor de vós? Por que os homens não querem crer no meu Amor?» (86).

1940. Na bela igreja do século XIII. «Evita pensar que Eu exijo que as almas sejam perfeitas para recebê-las no meu Coração. Dai-vos a mim com todas as vossas misérias e negligências e com as vossas faltas de cada momento. Reconhecei-as aos meus pés e pedi perdão por elas, e estai seguros de serdes os filhos queridos do meu Amor» (921).

26 de junho de 1938. Nantes, Festa de Corpus Christi, em Notre-Dame.

O Santíssimo Sacramento, sob o pálio, esperava a saída da procissão. Havia pouca gente na igreja, a multidão estava na praça e os meninos do coro, bem alinhados. Ao vê-lo sair da sua prisão-tabernáculo, dizia-lhe eu: «Estás contente, Senhor?» E Ele, mostrando-me a assistência, disse-me num tom de infinita ternura: «Esses são os meus filhos». É impossível expressar a doçura com que o disse, a tristeza pelos que não tinham vindo, o encanto e, por assim dizer, a gratidão pelos fiéis. Tudo era tão simples! (479).

9 de janeiro de 1938. Nantes. Ao passar perto de Notre-Dame, disse-lhe: «Bom-dia, meu Deus. Quantas negligências da minha parte! Vais castigar-me?» Ele: «Por que haveria de castigar-te? Quando te castiguei?» E fez-me sentir a sua misericórdia (372).

1937. Na capela. «Espero que não tenhas medo de mim. Dos teus pecados, sou Eu que me encarrego» (89).

13 de outubro de 1937. Eu saía muito cedo de Paris e não tinha podido comungar porque as igrejas estavam fechadas. Jesus disse-me de um campanário que avistei do trem: «Sinto-o mais que tu» (306).

10 de julho de 1937. Em Saint-Pierre. Enquanto subia ao terceiro andar, onde se encontra a capela, eu pensava: «Vou encontrá-lo nos seus aposentos». Disse-me Ele rapidamente: «Os meus aposentos são os teus. Tudo o que é meu te pertence» (209).

18 de dezembro de 1937. Na velha igreja de la Fère, eu olhava o sacrário dizendo-lhe: «Meu Prisioneiro!» Ele então, com Amor, disse-me: «Minha prisioneira».

E eu considerava a minha vida de atriz, dirigida por Ele (349).

19 de dezembro de 1938. Na capela. Eu: «Senhor, em outros tempos, os criados mais velhos faziam parte da família. Depois de dez anos de serviço a ti, representando comédias, posso sentir-me parte da tua família?» Ele: «És parte dela desde o primeiro instante da tua vida, pois foste criada à imagem de Deus!» (591).

30 de dezembro de 1937. Em Notre-Dame, às cinco e meia da manhã, enquanto fazia a minha Via-Sacra, ao pensar na Verônica, ouvi-o dizer: «Quando tu me consolas, Eu imprimo o meu rosto na tua alma» (358).

Na Missa

14 de novembro de 1937. Em Bastia, na capela do Bom Pastor, no meio de

Arrependidas e Madalenas*, disse-me: «Segue-me durante a minha Paixão». E dava-me a mão durante toda a Missa; desde o Jardim das Oliveiras até a casa do sumo sacerdote, diante de Pilatos e até a subida ao Calvário; mas quando soou o primeiro toque da sineta, antes da elevação, disse-me, já cravado: «Não posso mais dar-te a mão» (É tão delicadamente terno!) (329).

25 de outubro de 1936. Cristo Rei. Esta manhã, o sacerdote consagrou-me

---

(*) «Arrependidas», mulheres da vida convertidas que se tornaram religiosas em alguma das instituições dedicadas à sua recuperação, habitualmente dependentes de Ordens religiosas. «Madalenas», colaboradoras permanentes do Instituto do Bom Pastor, fundado por Santa Maria Eufrásia Pelletier (1796-1868), dedicado à recuperação de meninas em risco de cair na prostituição, de prostitutas e de criminosas (N. do T.).

a Deus durante a Missa. Pôs a minha oferenda na patena, debaixo da hóstia. Jesus disse-me: «Ocupa-te do meu amor. Não há um órfão que esteja mais desamparado que Eu...» (8).

30 de janeiro de 1938. Em Vierzon, na Missa. «Entrega-te a mim por completo. Por que sempre tens reservas? Por acaso tens medo de mim? Dá-te a mim sem limitações» (378).

19 de abril de 1940, antes da comunhão. «Considera a altura: a excelência do Dom; a sua profundidade: o próprio Deus; a largura: Deus para todos, na minha Eucaristia. E atrai tu as almas para ela» (881).

13 de junho de 1937. Nantes. «Podes duvidar do poder do meu Sangue? Mas, se sabes que uma só gota bastaria para

apagar os pecados de todo o Universo! Lava-te no meu Sangue» (159).

27 de maio de 1937. Festa do Corpus em Le Fresne. «Abriga-te sob o manto branco (a Hóstia). Estende-te sobre o Madeiro e põe a tua cabeça sobre o meu Coração». (Como a garotinha de ontem, no vagão, perto da sua mãe) (129).

12 de agosto de 1937. Em l'Ardèche. Eu: «Como é possível que desças até esse pouco de vinho que há no cálice?» Ele: «Com imensa alegria» (237).

1937. Na Missa. «Terias tu a humildade de esconder-te sob um pedacinho de pão e um pouco de vinho?

«Nunca terminarás de compreender com que respeito me dirijo às almas: é o respeito pela sua liberdade!» (300).

19 de abril de 1940. «A hóstia não está no céu; por isso, para adorar essa

grande maravilha de Cristo, os anjos têm que descer à terra. E tu? Não te parece acessível o suficiente para ires adorar com eles?» (881).

26 de julho de 1940. «A vossa Missa é a vossa vida toda, que será coroada com toda a simplicidade pela morte. Uni-vos à minha vida nas vossas ações mais comuns, que assim ficam divinizadas. Desejo-o intensamente» (948).

Na ação de graças depois da comunhão

4 de novembro de 1936, ao voltar [de viagem]. Última Missa, sobre a ponte do navio. Distraída após a comunhão, ouvi como me dizia suavemente: «Estou esperando» (12).

30 de julho de 1937. Estava distraída durante a comunhão. Ele: «Quando

temos na sala de estar da nossa casa uma pessoa muito querida, não nos pomos à janela para ver os transeuntes» (232).

24 de julho de 1938. Depois da comunhão, estava distraída. «Dedicaste-me ao menos um olhar hoje?» Mais tarde, andava eu perdida em mil pequenos cuidados. Disse-me: «Não descansarias muito mais se pensasses em mim?» (506).

27 de agosto de 1939, depois da comunhão. «Essa pessoa sai da igreja sem dar graças, e vai passar o dia inteiro sem se lembrar do favor que lhe fiz de manhã. Pensa tu em mim, de hoje até amanhã. Fala comigo, agradece-me, ama-me. Oferece-me todas a tuas ações para salvar os pecadores — é para isso que estou na tua vida. Quando uma pessoa está na tua casa, tu não a deixas só, não

é verdade? Pois então, vive na minha presença» (759).

24 de fevereiro de 1938. Em Notre--Dame, depois da comunhão. «Não podes conviver comigo numa grande simplicidade, como conviverias com o teu melhor e mais poderoso amigo?» (394).

Maio de 1937, no campo, depois da comunhão. Eu: «Senhor, supre as minhas insuficiências». Ele: «É para isso que estou aqui» (125).

6 de dezembro de 1938. Ajaccio. Depois da comunhão. «Que não haja brumas entre ti e mim. Se cometeres uma falta, repara-a imediatamente com um "Senhor, eu te amo" pronunciado de todo o coração» (581).

19 de abril de 1940. «A Eucaristia é o presente do céu; nada tem valor neste mundo fora dela» (881).

2 de janeiro de 1938. Depois da comunhão: «A vida de Amor entre o Criador e a criatura poderia começar apenas no céu, mas eu vim acendê-la na terra para adiantar as coisas» (366).

30 de maio de 1937, dia de Corpus Christi. Depois da comunhão: «Não deixei nada de mim no céu. Dou-me a ti por inteiro. Dá-te tu a mim também por inteiro» (136).

10 de julho de 1937, após a comunhão. «Se pudesses ver o meu esplendor neste momento!...» (197).

26 de dezembro de 1938. Eu: «Senhor, gostaria tanto de que estas santas espécies permanecessem em mim até amanhã de manhã!» Ele: «Faz como se Eu permanecesse» (595).

1938. Eu dava-lhe graças por todas as hóstias que recebi desde a minha

Primeira Comunhão. Disse-me Ele: «Tu as tens todas contigo! Uma hóstia recebida foi dada eternamente. É isso o que faz o tesouro dos escolhidos» (474).

28 de outubro de 1939. Depois da comunhão. «Dar-me-ias uma grande alegria se em cada uma das tuas ações de graças pedisses à minha Mãe que te ajudasse» (784).

26 de dezembro de 1938. Após a comunhão. Pensando no Presépio, eu pedia à Santíssima Virgem o favor de me deixar cantar para ninar o Menino Jesus. Ele disse-me: «Ainda que Eu adormecesse, o meu coração continuaria a velar por ti» (595).

1938. Depois da comunhão. «Deixa de lado as tuas pequenas preocupações. Pensa nas minhas, que são as almas que se perdem» (364).

28 de maio de 1937. Eu pensava na sua festa de Corpus Christi quando Ele me disse: «Terei a minha verdadeira festa de Corpus quando gozar de todas as preferências. Todas as preferências de todas as almas» (131).

21 de fevereiro de 1940. Nantes. No momento em que o Santíssimo Sacramento foi retirado do sacrário para ser levado ao altar-mor, disse-me: «Vês como sou dócil aos gestos do sacerdote? Entro e saio do sacrário segundo a sua vontade. No entanto, sou o Criador do céu e da terra. Vive submetida a mim, que sou submisso. Aceita tudo o que é minha vontade» (841).

31 de julho de 1939, depois da comunhão. «Vive apenas para mim. Quando falares, que se note bem que Eu sou a única coisa que te importa. Não temas mencionar o meu nome nas tuas

conversas, pois todos, mesmo sem o saberem, têm necessidade de mim. E o Nome de Deus pode suscitar o bem nas almas. Procura adquirir este hábito e Eu te ajudarei. Virão a ti para ouvir falar de mim. Semeia o meu nome. Eu darei o crescimento» (738).

1939. Depois da comunhão. «Procura evitar até as menores faltas. Este é o teu trabalho, pois foste chamada à santidade, e a santidade é a ausência de toda a mancha consentida. Trabalho de amor. Entendes-me? De amor!» (816).

5 de março de 1940, depois da comunhão. «Quando sentires que a tua vontade vai manifestar-se com um movimento próprio, põe a tua mão na minha, olha-me para que Eu modifique a tua vontade segundo os interesses do meu serviço» (849).

28 de novembro de 1939. Em Notre-Dame, depois de comungar. «Hoje, prestarás atenção especialmente à tua língua. Lembra-te de que a Escritura diz que *aquele que não peca com a língua é um homem perfeito* (Ti 3, 2). Busca essa perfeição com amor e com desejo de agradar-me. Como me agradaria ver perfeita uma filhinha tão querida! Ao chegar o meio-dia, examina como te saíste. Anima-te a vigiar-te em tudo» (797).

1937. «Admiraste muito os tapetes multicoloridos que me fizeram para a minha festa de Corpus Christi; pois bem, prepara-me outros ainda mais belos durante todo o decorrer do dia, feitos de sacrifícios e outros atos de virtude» (172).

20 de julho de 1940. Depois da comunhão. «Se fosse tão difícil chegar à santidade, Eu não vo-lo pediria.

Que patrão inteligente exige dos seus empregados uma tarefa impossível? É, pois, algo que está ao vosso alcance, como fruto do vosso esforço. Torna a começar cada dia, como se se tratasse sempre do começo de uma obra; humildemente, com confiança no meu socorro de cada instante. E não percas de vista a meta, minha filha!» (943).

NO RELACIONAMENTO COM OS OUTROS

Deus vincula o amor por Ele ao amor aos homens: Temos de Deus este mandamento: quem ama a Deus ame também o seu irmão *(1 Jo 4, 21). Cristo quer ser reconhecido em cada uma das pessoas que nos cercam. É natural, pois, que os outros se tornem para nós um caminho pelo qual encontremos o Senhor, e que especialmente os seus defeitos se tornem objeto da nossa preocupação e da nossa oração.*

Dessa preocupação brota naturalmente o apostolado, essa sintonia crescente com os desejos redentores do próprio Salvador.

Amabilidade e caridade

1937. Na capela de Santa Ana. «Por que não me reconheces no teu próximo?» (114).

6 de fevereiro de 1938. Depois da comunhão. «Modifica a tua natureza. Comporta-te com uma caridade requintada. Fala bem do próximo, mesmo na sua ausência. Vigia as tuas maneiras, os matizes. Isto é o que faz o encanto da Caridade» (382).

22 de julho de 1937. Ao descer do trem numa estação. «Empenha-te sempre em dirigir-te ao próximo com a atitude de quem é inferior» (217).

1939. Sentia-me suscetível. «Usa a tua sensibilidade. A sensibilidade foi-vos dada para que ganheis méritos» (653).

1937. Num vagão [de trem]. Tive a tentação de implicar com uma passageira. Ele então disse-me ternamente: «Quanto mais cristã é uma alma, isto é, quanto mais minha, mais amável é. Sê amável entre todas as mulheres» (138).

1939. «Um ato de bondade é um traço de semelhança comigo» (605).

5 de dezembro de 1938. Durante uma sessão de fotos com o elenco de *Uma velha senhorinha e treze moleques**, algumas das atrizes insistiam em ficar perto de mim, o que me deixava comovida. Disse-me Ele: «Eu também fico comovido com as menores atenções. Minha Mãe oferece-te a mim e Eu te ofereço

---

(*) *Une vieille fille et treize gosses*, peça da autora (N. do T.).

à minha Mãe» (sob o patrocínio de São José) (576).

1939. Paris, na igreja de Nossa Senhora da Boa-nova. Eu me perguntava em que consistiria a suavidade para com o próximo. Disse-me: «A suavidade está na bondade do sorriso e do gesto, e numa grande simplicidade» (629).

1937. «Não sejas avara com a tua bondade; adianta-te [às necessidades dos outros] com graça e amabilidade. Sabes o que significa adiantar-se? Também nisto sai das tuas medidas habituais» (223).

1937. Primeira sexta-feira de setembro. «Nunca fales sem um sorriso» (261).

1937. «Vês essa garotinha? Olha para o pai e sorri. Não lhe diz nada. Mas como esse sorriso deixa o pai feliz!» (219).

4 de junho de 1937, festa do Sagrado Coração. Numa estação ferroviária: «Hoje assumo todos os teus sorrisos». Então pus-me a sorrir para todos e todas (142).

24 de julho de 1937. «Sorri para o teu próximo como se sorrisses para mim. Eu sou o teu próximo» (222).

10 de fevereiro de 1938. «Tu, que gostas de ajudar o teu próximo, ajuda-me a Mim, que sou o teu Próximo mais próximo» (389).

1937. «Que tens de fazer no mundo além de amar o teu próximo por amor de mim?» (254).

Os defeitos dos outros

4 de fevereiro de 1938. Sentia-me entristecida porque alguém me fizera uma

pequena desfeita, uma falta de consideração. Disse-me Ele: «Permiti isso para que compreendas o que é o amor desprezado» (380).

1938. Bab-Souika. Uma mulher nativa importunava-me na rua com a sua conversa. Ele: «Sê paciente com os pequeninos. Quando falas com Deus, não lhe dizes coisas muito interessantes e, mesmo assim, Ele te escuta com bondade» (442).

26 de abril de 1938. No trem de Constantine a Túnis, uns trabalhadores falavam duramente dos seus patrões; disse-lhes que todos precisamos uns dos outros, que se nos amássemos tudo se tornaria simples e bom. Com isso, passaram a mostrar-se suaves e amáveis. À tarde, Jesus disse-me: «Fizeste bem em falar com eles» (436).

22 de junho de 1939. Eu tinha sido importunada durante o meu tempo de oração por algumas pessoas que me pediam favores. Ele: «Deste-me mais satisfação com a tua fidelidade em ser amável do que se não tivesses interrompido a tua contemplação» (710).

Apostolado

7 de junho de 1938. «Esquece as pequenas preocupações da terra e entra nos grandes interesses do céu de Deus. Se pudesses compreender o que é o céu, nenhuma outra coisa te importaria fora a salvação das almas» (459).

1938. Em Bastia. Na Missa, durante o Pai-nosso. Eu: «Como é possível, Senhor, que nesses minutos em que carregavas a tua Cruz entre dores tão atrozes não tenhas salvado todos os pecadores do mundo?» Ele: «Eu abri o céu a todos, mas cada qual é livre. Cabe-vos a vós, meus irmãos, completar a salvação dos homens pedindo-a a Mim e sofrendo por eles» (586).

1º de março de 1940. «Não te terá ocorrido alguma vez o pensamento de que tal ou qual graça te foi concedida por causa da oração que alguém fez por ti? Ou devido a esta ou aquela bênção de um sacerdote? Ou pelos méritos que houve na vida dos teus pais? Ou simplesmente pela Misericórdia divina? Ou pela bondade da minha Mãe? Pelo menos, não penses nunca que a causa dessas graças és tu mesma, ou as tuas virtudes!» (845).

6 de fevereiro de 1938. Pensando eu na multidão dos incrédulos, sem contar os cismáticos nem os pagãos, dizia-lhe:

«Senhor, que venha o teu reino». Respondeu-me: «Ah, se Eu reinasse de verdade em uma só alma...!» (382).

8 de junho de 1938. Eu pedia à Santíssima Virgem a conversão de uma pessoa. Ela disse-me: «Uma alma custa caro. São necessários tempo, sacrifícios. Sofre por ela. Une os teus sofrimentos aos meus, para agradar mais ao Pai» (460).

1938. «Vivo numa eterna agonia de sede pelas almas. Sacia-me a sede» (475).

1939. «Sê uma consoladora. Um dia se fundará em torno de mim um grupo de almas consoladoras» (794).

1938. Em Lyon. «A cada minuto que passa, podes salvar milhares de almas! Pensa nisto. Pede-o. Ama» (541).

28 de março de 1938. Referindo-se à influência que posso ter sobre os outros, acrescentou: «Começa a semear; Eu farei o resto. Mas começa...» (412).

1937. «Quando não te falo, é porque esses momentos são para a ação. Fala com os outros como pensas que Eu falaria contigo. Eu te ajudarei» (103).

1937. Pela rua. Ele: «Escuta-me com atenção: o bem não se faz apenas com palavras; um olhar pode penetrar numa alma e tocá-la» [no íntimo] (157).

1938. Eu dizia: «Que as pessoas te sintam em mim». Ele: «Já viste alguma vez os cometas e a cauda que arrastam? Seria possível que Eu, o Criador, não deixasse rastos atrás de mim?» (369).

19 de abril de 1940. Eu visitava um enfermo a cada tarde, sabendo que isso

lhe agradava. Jesus disse-me: «Está bem; no entanto, não é a ti que deves levar ao enfermo, mas a mim» (881).

16 de agosto de 1939. «Crê com firmeza que as ações mais banais, feitas com a intenção de salvar almas, efetivamente as salvam. Uma fé robusta como essa honra a minha misericórdia e a minha bondade. Tens de crer que assim é» (752).

7 de abril de 1940. «Podes reparar pelas ingratidões e salvar pecadores mesmo com a mais insignificante das tuas ações cotidianas. Lembra-te de que Eu varria a pequena oficina do meu pai São José, e com isso redimia. Une-te a mim» (870).

13 de abril de 1940. Enquanto encerava os armários, dizia-lhe: «Senhor, será possível que eu salve um pecador

a cada armário?» Ele: «Salvas segundo a medida do teu amor e da tua confiança» (874).

1940. No campo. «Meus filhinhos, é precisamente porque podeis fazer ou deixar de fazer o bem por serdes livres que me dareis uma grande alegria se fizerdes o maior bem possível. O meu Coração vos observa e se alegra quando obtendes uma vitória. Deveis pensar que essa vitória não é somente para vosso proveito, mas para proveito de toda a Igreja: a Igreja do céu, onde os santos se regozijam; a Igreja que sofre e que vós aliviais; e, por fim, a Igreja que está em combate e que ajudais. É como um pequeno ruído que tivesse um grande eco.

«Que estes pensamentos aumentem a força da tua resolução. Que te deem a fortaleza que tive durante a minha agonia, porque a minha maior dor foi pensar que a minha agonia seria inútil para muitos. Dá-me almas, tu, minha pequena. E, para isso, ora comigo e deixa-me orar em ti» (941).

1937. «Quanto mais te deres aos outros, mais Eu me darei a ti» (228).

1º de junho de 1939, em Ain. «Escreve. Queria que ninguém tivesse medo de mim; que todos olhassem para o meu Coração cheio de amor e falassem comigo como se fala com um amigo querido. Para alguns, sou um perfeito Desconhecido; para outros, um Estrangeiro, um Senhor severo, Alguém que é rígido ao pedir as contas. [...] São poucos os que vêm a mim como a um familiar querido; enquanto isso, aqui está o meu Amor à espera deles, esperando-os tal e como eles são. Sou Eu quem fará neles os consertos necessários. Eu os mudarei, e passarão a ter uma alegria que nem sequer imaginavam. Eu sou o Único que a pode dar. Mas que venham! (E, com a voz cheia de um grande anseio) Diz-lhes que venham!» (696).

INTIMIDADE COM NOSSA SENHORA

Como boa Mãe, Nossa Senhora não está presente apenas em algumas ocasiões especiais, mas intervém em todos os aspectos do nosso relacionamento com Deus. É natural, pois, que os pontos que se seguem digam respeito a todos os temas em que se divide este caderno.

11 de outubro de 1938. Festa da Maternidade da Santíssima Virgem Maria. «Ela não é apenas a minha Mãe, mas também a tua. Chama-lhe "Mãe" ao longo de todo o dia» (551).

2 de agosto de 1940. «Quando te diriges a mim rezando Ave-Marias na oração, é como se a minha própria Mãe te tomasse pela mão para conduzir-te até mim» (950).

8 de outubro de 1937. Eu rezava o terço no trem. «Honra a minha Mãe no eterno Pensamento do Pai, pois Ela cumpriu exatamente a missão que esse Pensamento lhe indicou. Seu alimento era a Vontade do meu Pai» (305).

1939. Eu passava de carro por uma igreja dedicada à Santíssima Virgem. Ele: «Diz um Pai-nosso em união com a minha Mãe. Consegues imaginar com que fervor Ela pronunciava essa oração composta pelo seu Filho? E com que frequência a dizia! Podes imaginar a alegria de Deus ao ouvi-la rezar com tanta perfeição!» (794).

17 de novembro de 1938, Fourviére. Depois da comunhão, eu me esforçava por fazer uma boa ação de graças. Nossa Senhora disse-me: «Por que te complicas dessa forma? É tão simples! Tão suave e tão fácil!» (564).

1939. Santa Cruz. «Permanece comigo no seio da minha Mãe durante todo este Advento. Adora-me nele, onde estou tão vivo como no céu. Espero ali até que se complete a minha formação humana para salvar os homens. Eles não suspeitavam que o seu Salvador estivesse tão próximo. E o mesmo ocorre com o sacrário: quantos nem sequer imaginam que estou ali! Permanece comigo e com a minha Mãe e deixa-te formar por Ela.

«Tenho uma grande impaciência por sair da minha prisão para aproximar--me de vós. Pois que seja grande também a tua impaciência por obter, apesar da tua nudez miserável, o estado perfeito da alma, que é a santidade. Tu sozinha és impotente; mas a minha Mãe tem o seus segredos, que recebeu de mim. Ela atua naqueles que lhe oram. É tão boa!» (809).

3 de dezembro de 1938. «Quando orares à minha Mãe, une-te às expansões que Eu tinha com Ela quando vivíamos sobre a terra» (573).

27 de janeiro de 1940. Nantes. «Eu poderia ter-vos amado com menos força. Louva-me por esse excesso de Amor. Agradece e convida a minha Mãe a ajudar-te» (829).

8 de dezembro de 1939. Recebi da Santíssima Virgem uma repreensão doce e carinhosa: «Por que demoraste

tanto em entregar-te a mim como uma filha pequenina?» E, em espírito, pus--me a chorar sobre o seu ombro. Que coisa tão simples e verdadeira! (805).

A META: SANTIDADE

Assim como o primeiro capítulo, este obedece antes a um tema que a um tipo de ocasiões para se viver o recolhimento. Porque a santidade é o fruto desse recolhimento crescente, vivido ao longo da vida, ao ritmo que o Espírito Santo dita.

18 de outubro de 1939. Lia eu na vida de Josefa Menéndez: «Se vivessem continuamente unidas a mim, as almas conhecer-me-iam muito melhor». Perguntei-lhe: «Senhor, em que consiste esse unir-se a ti?» Ele respondeu-me: «É simplesmente pensar em mim; falar comigo como se faz nas amizades íntimas; buscar os meus interesses; sofrer

por minha causa; cuidar do meu reino; recordar os meus sofrimentos. É deixar que o amor flua para dentro do meu próprio Amor em todos os momentos da vida. Tudo o que disso decorre é união comigo» (778).

1937. Na estação ferroviária de Bordeaux. Às cinco da manhã. «Vive como se estivesses numa festa perpétua: a festa da vontade de Deus» (307).

1938. «Os que são íntimos meus na terra, também o serão no céu» (539).

15 de agosto de 1938. «Dou a cada alma a vida que melhor pode conduzi-la a mim» (514).

1937. «Semeia conversões na tua alma» (265).

1937. «Toma a tua memória nas mãos e oferece-a mim. E faz o mesmo com cada uma das tuas faculdades. [...] Na vida, temos sempre uma reserva interior de pequenos cuidados e dificuldades, que podem servir para a expiação dos pecados, próprios e alheios» (176).

1938. Marselha. «Apaga-te dos teus pensamentos» (543).

1937. «Para te fazeres bem pequenina, não precisas rebaixar os teus dons; pensa apenas que todos eles te vêm de mim» (158).

1938. «Não concedas importância alguma às tuas impressões. Faz o que deves» (403).

29 de julho de 1938. Rennes. «Dá-me coisas pequenas» (507).

1937. «Se soubesses como sou sensível às pequenas coisas!» (45).

1939. Depois da comunhão. «Vê com que facilidade te distrais quando deixas de pensar no momento presente! Torno a recomendar-te que vivas nele. Imagina quanto valeria uma vida em que todos os momentos presentes tivessem sido vividos para a glória de Deus!» (658).

1º de janeiro de 1939. Eu estava a desejar-lhe a sua Glória. Disse-me: «Não me peças a minha Glória como se fosse uma coisa que nunca vai chegar. Quando a pedires, crê que te será concedida. Neste ano, pedirás a minha Glória, o meu Reino. Além disso, porás maior atenção nas coisas pequenas, nas tuas pequenas vaidades, nos teus pequenos exageros. Serão vitórias consideráveis» (598).

1938. Moulins. No bonde. «Deseja, deseja! Desejar é alargar a capacidade de receber» (386).

27 de julho de 1937. De Nantes a Fresne. O Senhor voltou a dizer-me: «Sai das tuas medidas habituais para pensar em mim». Como se desejasse ver-me avançar cada dia um pouco mais (226).

16 de janeiro de 1938. Brest. No terceiro ato de *Uma velha senhorinha e treze moleques*, eu dizia que «não é o tempo, mas a vontade, o que faz os santos». Ele me respondeu: «Tens tu essa mesma vontade? Tu a tens todos os dias?» (374).

10 de agosto de 1937. Lyon. «Para serdes santos, é preciso antes de mais nada que queirais sê-lo. Vós todos não nasceis senão para a santidade» (236).

1937. Eu: «Dá-me os meios para que me faça santa». Ele: «Já os tens» (182).

1937. No campo. «O que te peço não é a perfeição, coisa difícil para ti, mas o espírito de perfeição. Sê constante na vontade de tender sempre para o melhor e põe nisso todo o teu amor» (145).

14 de agosto de 1937. Na basílica de São Francisco Regis, vi o caminho estreito e empinado da santidade e a Mãe do Amor Formoso que ajudava as pessoas a subir por ele (238).

20 de fevereiro de 1940. No trem para Fresne. «Nunca te veio o pensamento de que Eu respeito os homens? Respeito-lhes a vontade. Espero amor deles, mas nunca forço o seu arbítrio. Dou-lhes tudo aquilo de que precisam, mas aguardo a sua resposta de gratidão. Mantenho-me aí, invisível, silencioso, como um pobre que espera uma esmola. É preciso que vós deis o primeiro passo, mas com que alegria Eu darei todos os que se seguem!» (840).

4 de outubro de 1938. Festa de São Francisco. «Os que são muito pequenos têm grande poder sobre o meu Coração. Acima de tudo, têm confiança. Quando tiveres uma preocupação por alguma coisa que te é impossível, pensa que Eu te vou consertar isso, e entra na minha Paz» (547).

16 de agosto de 1937. Em La Salette. «Que a convicção de que não és "nada" penetre até o fundo da tua alma. Usa as tuas qualidades e dons como joias que te foram dadas pelo teu Esposo e Rei» (240).

3 de setembro de 1937. Eu: «E o que faço com os meus defeitos?» Ele: «Vem com eles. Vem sempre. Crê em mim, crê no poder do meu Coração» (260).

1937. Ao voltar, no ônibus. «Conserva a tua natureza, mas modifica-a» (275).

8 de maio de 1937. Le Fresne. «Desfruta de Deus em ti. No purgatório, haverá una pena especial para as almas que não tiverem buscado essa alegria» (117).

12 de junho de 1938, em Versalhes. «Exercita a tua virtude preferida. Recorda que a tua força está na tua alegria, e que a tua alegria sou Eu» (462).

29 de julho de 1939. Eu em ti e tu em mim. Assim acontece quando as vossas almas estão em estado de graça. E a graça sou Eu. Saboreai a alegria de saber que vivo em vós. Senti essa superabundância, que supera todas as alegrias da terra. E quanto mais impregnada da minha alegria estiveres, mais ela aumentará em ti» (736).

25 de maio de 1939. Lyon. São José. «A santidade? É algo lento e progressivo

como a passagem das estações. Confia em mim, Eu te ajudarei. Eu desejo a tua santidade mais do que tu mesma» (684).

Direção geral
Renata Ferlin Sugai

Direção de aquisição
Hugo Langone

Direção editorial
Felipe Denardi

Produção editorial
Juliana Amato
Karine Santos
Oscar Solarte

Capa
Gabriela Haeitmann

Diagramação
Sérgio Ramalho

ACABOU DE SE IMPRIMIR
MAIO DE 2025,
OFFSET 75 g/m².